Ulrich Detrois
HÖLLENRITT

Ulrich Detrois
unter Mitarbeit von Nicole Biewald

HÖLLENRITT

Ein deutscher Hells Angel packt aus

Econ

Econ ist ein Verlag der Ullstein Buchverlage GmbH

ISBN 978-3-430-20106-3

INHALT

Vorbemerkung

Um Persönlichkeitsrechte einiger Akteure zu wahren, wurden Namen, Orte und Personenbeschreibungen verfremdet. Alle in diesem Buch dargestellten Ereignisse, Szenen und Dialoge haben sich aber so wie beschrieben oder in sehr ähnlicher Weise abgespielt.

Der Text gibt die Sichtweise des Autors wieder, nicht die des Verlages. Die beschriebene Gewalt billigen wir nicht. Doch als Verlag halten wir es für sinnvoll und wichtig, einen authentischen Einblick in die Szene der deutschen Hells Angels zu geben. Darum geht es in diesem Buch.

Der Econ Verlag

Vorwort

Mein Name ist Bad Boy Uli. Ich war Vize-Präsident in der gefährlichsten Rockerbande der Welt. Ich war ein Hells Angel. Ich werde euch meine Lebensgeschichte erzählen – eine Geschichte voller Gewalt, Drogen, Erpressung und Lügen. Was in dieser Welt zählte, war das Big Business.

Bei der Beschreibung der Hells Angels lasse ich bewusst die von vielen oft gepriesene Historie des Clubs außer Acht – den Mythos des »Easy Riders«. Denn was früher einmal galt und heute immer noch romantisch nach außen getragen wird, hat mit der Realität absolut nichts mehr zu tun. Die Hells Angels sind kein eingetragener Verein, keine Genossenschaft und keine Firma. Sie sind lediglich ein Zusammenschluss von Menschen mit gleichen Interessen und gleicher Gesinnung. Ihre Interessen sind dabei vor allem materiell: Viele ihrer Mitglieder weltweit betreiben Drogen-, Waffen- oder Menschenhandel, andere beuten Prostituierte aus. Und so machen sie Profit. Nicht wenige gehen dabei über Leichen.

Die Hells Angels wurden am 17. März 1948 in Berdoo in Kalifornien gegründet. Von dort aus wuchs der Club unaufhörlich. Nachdem die USA erobert waren, ging es einmal um die ganze Welt: Neuseeland, England, Schweiz, Australien, Holland, Dänemark, Frankreich, Alaska, Brasilien, Südafrika, Liechtenstein, Spanien – und das war nur der Anfang!

Damals wurden die Hells Angels gern in der Security-Szene eingesetzt, so beispielsweise 1969 bei einem Konzert der Rolling Stones. Während dieser Veranstaltung kam es vor der Bühne zu einer Rangelei, bei der ein Ordner einen Besucher erstach. Als Grund gab der Hells Angel an, dass der junge Mann mit einer Pistole in Richtung der Bühne gezielt habe. Das aber ließ sich nie beweisen. Der Hells Angel kam zwar vor Gericht und wurde wegen Totschlags angeklagt. Letztlich wurde festgestellt, dass er nur aus Notwehr gehandelt hatte. Die Hells Angels gerieten unter Beschuss – doch der Club expandierte weiter.

Ein Jahr danach gründete sich das erste europäische Charter in Zürich. In Deutschland eröffneten die Hells Angels weitere drei Jahre später ihr erstes Charter in Hamburg. Anfang 2010 gab es weltweit bereits fast dreihundert Charter!

An der Spitze des Clubs stehen die Amerikaner – in Person: Sonny Barger. Er ist einer der Mitbegründer des Motorrad-Clubs. Wenn er etwas zu sagen hat, hören alle zu. Die Charter weltweit sind gleichberechtigt und folgen den World-Rules, den Gesetzen des Clubs. Diese werden von den Mitgliedern gehütet wie der Heilige Gral.

Noch niemals waren sie einem Außenstehenden zugänglich. Der ursprüngliche Leitgedanke des Clubs heißt: »Einer für alle, alle für einen.« Ehrlichkeit, Vertrauen und Aufrichtigkeit stehen dabei an erster Stelle. In diesem Buch werden die World-Rules erstmals veröffentlicht. Dafür werden Hells Angels weltweit ihre Kettenhunde auf mich hetzen und alles daran setzen, mich auf Ewigkeit zum Schweigen zu bringen. Sei es drum, wir werden sehen.

Ich habe sehr viel im Club erlebt und tiefe Kenntnisse über Abläufe und Vorgänge erhalten. Aus meiner heutigen Sicht kann ich zu den USA keine klare Stellung beziehen und will das deshalb auch nicht tun.

Ganz anders ist meine Haltung zu den Chartern in Deutschland. Der Großteil der Member der Hells Angels Germany gehört für mich nicht mal im Ansatz zum Club, denn er hat nur seine eigenen Interessen im Kopf, nutzt den Club für seine persönlichen Geschäfte und umgeht mit allen Mitteln die eigentlichen Regeln. Die anderen Länder halten sich grundsätzlich an den tiefverwurzelten Gedanken: zuerst der Club, dann die Brüder, danach ich selbst. In Dänemark zum Beispiel fließen alle Einnahmen des jeweiligen Charters und dessen Member aus den Geschäften in eine gemeinsame Kasse und werden gerecht zu gleichen Teilen unter den Membern und Prospects aufgeteilt – allen geht es somit gleich gut.

In Deutschland ist das meist genau umgekehrt. Die geschäftlichen Interessen in Deutschland beziehen sich größtenteils auf das Rotlichtmilieu. Dazu gehören so gut wie alle damit einhergehenden Geschäfte wie Schutzgelderpressung, Drogen- und Waffenhandel.

Doch auch die Türsteherszene wird zu großen Teilen von Clubmitgliedern kontrolliert.

Das Problem der deutschen Hells Angels besteht meinen Erkenntnissen nach darin, dass viele ausschließlich in ihre eigene Tasche zu wirtschaften versuchen. Zu wenig Gelder werden ehrlich untereinander aufgeteilt. Einer betrügt den anderen. Oft sind Member rücksichtslos auf Expansion aus, um die Vorherrschaft im Club zu erlangen.

In Deutschland gibt es circa vierzig Charter, in den USA etwa siebzig – doch dabei muss beachtet werden, dass die USA knapp siebenundzwanzig Mal so groß sind wie Deutschland. Der Grund dafür ist, dass Mitglieder hier mehr oder weniger wahllos rekrutiert werden und Charter überall wie Pilze aus dem Boden schießen. Bestes Beispiel dafür ist das Charter in Hannover: Ihr Präsident ist das Paradebeispiel für einen Hells Angel, der sich von den alten Idealen verabschiedet hat. Zu meiner Zeit versuchte er sogar, den Posten eines Deutschland-Präsidenten einzuführen. Man darf sich fragen, wer das wohl geworden wäre. Doch es gibt überhaupt keine Länder-Präsidenten – nirgendwo auf der ganzen Welt.

Einige seiner Member besitzen nicht mal einen Führerschein, geschweige denn ein Mopped; und ordentlich hauen können die sich auch nicht. Ende 2007 hatte sein Charter fast so viele Member wie das damals größte Charter in New York. Heute, so weiß ich, hat er das New Yorker Charter überholt.

Ich habe selbst ein Charter in Kassel gegründet und

war dort acht Jahre lang Vize-Präsident. Präsident wollte ich aus Bequemlichkeit nie werden, denn dieser Posten bedeutet, dass man regelmäßig mit der Presse und den Bullen redet. Für mich war das Clubleben ein Abenteuer für Große. Ich hatte viel Zeit, Geld und gute Laune. Wenn was abging, war ich stets dabei.

Ich bereue diese Zeit nicht.

Ich habe mich dem Club gegenüber immer loyal verhalten und stand zu hundert Prozent hinter dessen wahren Idealen. Ich vertrat stets eine klare Linie und stellte mein Wohl hinter das der anderen. Der Club stand für mich stets an erster Stelle. Doch heute werde ich von Menschen gejagt, die früher einmal meine Brüder waren.

Sie haben zwei Russen angeheuert, die mich umbringen sollen. Die Bullen wissen davon: Sie haben den Mordauftrag mitgehört. Doch die Justiz hat es über zweieinhalb Jahre nicht geschafft, dieses Kapitalverbrechen aufzuklären. Über die möglichen Gründe werde ich später noch berichten.

Mit diesem Buch werdet ihr vermutlich in eine euch völlig fremde Welt eintauchen – in eine Welt, die von Gewalt, Sex und Drogen geprägt ist. Ich habe jahrelang in dieser Welt gelebt. Noch nie haben Außenstehende, Menschen, die nicht in die Reihen der Hells Angels gehören, einen solch genauen Einblick erhalten.

Die Frage nach dem Warum des Buchs kann ich nicht einfach beantworten. Zu viele unterschiedliche Faktoren spielen dabei eine Rolle. Viele Dinge beurteile ich heute anders als damals. Der Betrug und die

Intrigen einiger Member haben mich sicher auch zu diesem Buch bewogen. Der wichtigste und ausschlaggebende Punkt ist jedoch die Tatsache, dass man versucht, meine Schwester und mich ermorden zu lassen. Ich war anderen gegenüber mein Leben lang loyal, habe sie immer zur Rede gestellt und angehört, bevor ich sie verurteilt habe. Ich hingegen wurde durch eine Intrige ausgeschaltet und aus dem Club verbannt. Ich bekam nie die Chance, mich zu rechtfertigen. Doch heute ist mir das egal. Mir ist bewusst, dass ich niemandem trauen kann – nicht einmal der deutschen Justiz. Ich weiß aber auch, dass ich eine große Gefahr für einige im Club darstelle.

Liebe Leser, macht es euch gemütlich. Ich wünsche euch beim Lesen ungläubiges Staunen, neue Einblicke in eine Subkultur, Kurzweil und natürlich auch ein bisschen Spaß. Aber seid kritisch, und macht euch eure eigenen Gedanken über die Szene. Und verzeiht mir manch derben Spruch und manch harte Geschichte. Ich muss euch die Szene so zeigen, wie sie wirklich ist.

Wenn ihr mehr über mich oder die Szene wissen wollt oder wenn ihr Hilfe beim Ausstieg braucht, dann schaut auf meine Homepage www.badboyuli.de.

Euer Bad Boy Uli

VOM PARADIES
DIREKT IN DIE HÖLLE

Weiße Strände

Ich stand zwischen zwanzig Motorradrahmen, alle am Steuerkopf abgesägt. Hammer, Schraubenzieher und Schweißgerät lagen auf dem Boden, auf dem Holztisch in der Ecke kleine durchsichtige Tüten. Eine dünne Schicht weißer Staub zog sich durch die millimetertiefen Ritzen der Platte. Auf dem Boden lagen Patronenhülsen – vier, fünf, vielleicht auch sechs. An den Wänden hingen Abzeichen, Poster, Charter-Fotos und Fotos von Partys. Der Kühlschrank am anderen Ende des Raumes brummte leise vor sich hin. Die Hitze machte mich fertig.

Ich drehte mir eine Tüte – es war nicht die Erste an diesem Tag. Ich konnte diese Hitze nicht mehr ertragen. In Deutschland begann gerade der Frühling, und hier herrschten 28 Grad – nachts. Ich suchte mein Feuerzeug, es befand sich in meiner Hosentasche. Die Tüte brannte. Ich zog, noch einmal. Der blaugraue Dunst schwebte langsam zur Decke. Ich war voll und ganz mit mir und der Welt zufrieden.

Es war mein erster Urlaub in diesem tropischen Paradies. Eine Biker-Szene gibt es hier nicht. Dafür leben hier zu wenige Menschen. Seit einiger Zeit sind auch meine Brüder hier zu Hause. Und Geschäfte müssen gemacht werden – überall. Mit Kokain machten meine Brüder hier ein gutes Geschäft.

Marihuana und Haschisch liefen nicht so gut. Das Koks, das sie verkaufen wollten, wurde in Würstchen-Form verpackt und dann in die Rahmen der Motor-räder gesteckt. Hier, in dieser Werkstatt, wurden die Rahmen auseinandergesägt – in jedem zwei bis drei Kilo reinstes Kokain. Es wurde auf neun Kilo gestreckt, danach portioniert. Ein Rahmen machte neuntausend Portionen. Verkaufswert: 270 000 Dollar.

Zwölf Tage blieb ich im weißen Paradies. Obwohl ich nicht kokse, mag ich diesen Ort. Sonne, Strand, Meer und die Frauen – ein Traum. Wir zogen fast je-den Abend los. Meine Brüder holten mich mit einem Speed-Boot vom Nobelhotel ab und zeigten mir ihre Heimat. Wir fuhren über das türkisfarbene Meer, leg-ten an schneeweißen Stränden an, wo keine Touris-ten hinkamen. Nur wir: kräftige Männer mit Kutten, dazu ein paar Mädels in knappen Bikinis. Bier, Cola und Sonne. Wir feierten bei rhythmischer Musik. Die Mädels hatten einen unglaublichen Tanz drauf: leicht bekleideter Sex zu Musik. Es war traumhaft.

Vier Tage vor meiner Abreise war ich mit der Harley unterwegs, die mir meine Brüder vor mein Hotel ge-stellt hatten. Ich wollte zum Clubhaus fahren. Meine Kutte flatterte im Wind, ich träumte vor mich hin. Hin-ter mir hupte ein Auto, bestimmt dreimal. Ich schaute in den Rückspiegel, sah einen Jeep und fuhr zur Sei-te. Die Straßen hier waren nicht sehr breit. Der Jeep überholte mich. Am Steuer saß eine Frau im Bikini,

kakaofarbene Haut, blond gelockte Haare, schnee-
weiße Zähne. Sie lachte zu mir rüber. Ich war über-
wältigt: Welch eine Schönheit! In Gedanken vertieft
vergaß ich, auf die Straße zu achten. Ich bügelte fast
in die Palmen.

Fünfzehn Minuten später – ich hatte mich gerade
wieder gefangen – kam ich am Clubhaus an. Meine
Brüder hatten eine Party geplant. Nach und nach füll-
te sich das Haus. Die Musik wummerte in den Boxen.
Alle waren bestens drauf: Sie tanzten, rauchten Joints,
tranken Bier und Cocktails. Ein Spiegel mit Kokain
ging herum.

Beim näheren Betrachten sah ich, dass er von unten
beheizt war, diese Technik kannte ich noch nicht. Meine
Brüder erklärten mir, dass dies eine Eigenkonstruktion
aus Holland sei. Wegen der hohen Luftfeuchtigkeit
war er beheizt, damit das Kokain nicht verklumpen
konnte. Die Deckenventilatoren knirschten leise bei
jeder Umdrehung. Mir war heiß. Ich ging nach draußen, setzte mich auf das Ledersofa vor dem Clubhaus:
frische Luft, Ruhe.

Ich saß keine zwei Minuten, da fuhr der Jeep auf
das Gelände, parkte zehn Meter neben mir. Sie saß am
Steuer, neben und hinter ihr drei weitere Mädels. Ohne
die Türen zu öffnen, sprangen sie aus dem Wagen.
Mein Blick galt nur der einen: ihre traumhaften Beine,
ihr schönes Gesicht – wie gemalt. Sie trug ein dünnes
Kleidchen, und in ihrem Haar steckte eine blaue Blume.
Ich war hin und weg. Als die Mädels ins Clubhaus gingen, zwinkerte sie mir erneut zu. Ich fragte einen meiner

Brüder, wer die Blonde mit den gelockten Haaren und den schneeweißen Zähnen sei. Er lachte mich an und sagte, dass sie eine gute Bekannte sei, eine Schwedin mit karibischen Wurzeln. Ich ging wieder tanzen. Die Stimmung war großartig. Viele Brüder sprachen mich an und wollten wissen, wo ich in Deutschland wohne und was ich so mache. Ich musste ihnen meine Tattoos zeigen – die auf meinen Armen, das am Hals, das an meiner Wade. Sie staunten nicht schlecht, weil sie sich der Bedeutung der Tattoos bewusst waren. Zum Beispiel dürfen die Dead-Heads, die ich auf meinen Handflächen trage, sich Member nur stechen lassen, wenn sie mindestens fünf Jahren zum Club gehören.

Plötzlich, wie aus dem Nichts, stand die Blonde vor mir. Melina hieß sie, und sie fragte mich auf Englisch, ob ich mit ihr tanzen wolle. Klar wollte ich! Wir zogen los, tanzten den Merengue. Alle schauten uns zu, jubelten und klatschten. Nach einiger Zeit ging ich nach draußen, um etwas frische Luft zu schnappen. Ich setzte mich und schaute zu den Sternen hinauf. Der Himmel war ein Traum: Die ganzen Sternbilder leuchteten. Es war unbeschreiblich.

Fünf Minuten später kam Melina nach und setzte sich neben mich auf die Lehne. Sie hatte zwei Drinks dabei und drückte mir einen in die Hand. Unsere Lippen berührten sich. Für einen kurzen Moment war ich überrascht. Wir tranken weiter, rauchten und lachten. Während wir redeten, schlug sie ihre Beine übereinander. Später begann sie, mir den Nacken zu massieren. Sie griff meine rechte Hand, schaute sie an. »Ich habe noch nie einen Mann mit so großen Händen gesehen«, sagte sie und legte meine Hand auf ihren Schenkel. Ich begann, ihn zu streicheln. Meine Finger wanderten unter ihr weißes Kleidchen, langsam, kreisend. Ich tastete mich vor. Sie trug kein Höschen. Wir küssten uns heiß und innig.

Wir beschlossen, zu ihr zu fahren. Ich ließ die Harley an. Sie schwang sich hinter mich, erklärte mir den Weg. Auf halber Strecke fragte sie mich, ob wir kurz halten könnten. Sie wollte zum Meer, eine Runde schwimmen. Ich lehnte das Bike an eine Palme und sah, wie sie mit ihrem Kleid ins Wasser lief. Ich setzte mich in den Sand, rauchte und schaute ihr beim Plantschen zu. Sie war jung, schön und so natürlich. Als sie aus dem Wasser kam, klebte ihr Kleid wie eine zweite Haut an ihr. Ihre Nippel bohrten sich durch den dünnen, kaum sichtbaren Stoff. Im Schneidersitz setzte sie sich vor mich, stützte sich mit den Armen nach hinten, neigte ihren Kopf und fragte mich ganz unverblümt:»Willst du mit mir ficken?« Ich sagte nichts, grinste nur …

Wir rauchten und fuhren zu ihr. Das bedeutete: noch einmal zwanzig Minuten Fahrt. Melina wohnte in einem kleinen Häuschen, nicht weit vom Meer entfernt. Ich parkte die Harley vor ihrer Garage. Ihr Haus war sehr ordentlich: ein großes Wohnzimmer, das Bad mit Dusche und Wanne. In der Mitte des Schlafzimmers stand ein großes Bambusbett mit einem weißen Netz darüber. Sie schaltete die Musik an und holte uns etwas zu trinken. Dann zog sie mich ins Bad, stellte die Dusche an. Ich konnte gerade noch meine Kutte ausziehen … Sie seifte mich ein. Ihre Brüste pressten sich an meinen Körper. Ich drückte sie an die Wand, küsste sie. Ich saugte an ihren Brüsten, meine Zunge umspielte ihre Nippel, meine Hände umfassten ihren Po. Sie zog mich aufs Bett. Ich sollte mich auf den Rücken legen, sie stellte sich breitbeinig über mich. Ihre Muschi über meinen Kopf. Mit ihren kleinen Händen zog sie ihre Schamlippen auseinander, massierte sich selbst. Sie zuckte wie irre, schrie und stöhnte voller Wollust. Ihre Erregung tropfte mir auf die Stirn. Wir trieben es die ganze Nacht – im Stehen, im Liegen, in der Wanne, überall.

Die letzten drei Tage meines Urlaubs verbrachte ich bei ihr. Meine Brüder hatten sich nicht mehr bei mir gemeldet. Eigentlich ungewöhnlich, denn ein Gast-Bruder wird immer vom Hotel zum Flughafen gebracht. Mich aber hatte niemand gefragt, und selbst wollte ich auch nicht nachfragen. Ich dachte, dass sie wichtige geschäftliche Termine hätten.

Damals maß ich dem keine Bedeutung bei. Heute weiß ich, dass ich zu diesem Zeitpunkt nicht mehr dabei war. Mein Charter in Kassel hatte mich in meiner Abwesenheit rausgeworfen, hinter meinem Rücken eine Mail an alle Charters der Welt geschickt. Alle Brüder wussten Bescheid, auch die am anderen Ende der Welt. Nur ich nicht.

Out!

Am Abreisetag nahm ich mir ein Taxi zum Flughafen. Der Flieger brachte mich nach Amsterdam, wo eigentlich ein Mietwagen bereitstehen sollte. Doch der Verleih sagte mit, dass sie keinen für mich vorgemerkt hätten. So etwas hatte ich noch nie erlebt. Ich machte mir aber keine Gedanken und kaufte mir ein Zugticket. Dreimal musste ich umsteigen – und das mit meinem ganzen Gepäck.

Als ich am Hauptbahnhof in Kassel ankam, war ich völlig kaputt. Meine Augen wollten nicht mehr aufbleiben, die Beine waren müde. Ich nahm mir wieder ein Taxi, fuhr erst zum Supermarkt, dann zu meiner Wohnung. Mein einziger Gedanke galt einer Zigarette. Ich öffnete eine neue Schachtel, griff zu meinem Feuerzeug und sank auf mein Bett.

Jemand klopfte an der Tür. Seit Jahren habe ich keine Klingel mehr, denn die nervt bloß. Ich schleppte mich zur Tür. Im Flur standen meine Brüder: sechs Member und ein Prospect, alle von meinem Charter in Kassel. Ich war der Vize-Präsident und hatte das Charter Ende 1999 gegründet. Ohne jede Begrüßung drängten sie in meine Wohnung. Ich war völlig überrascht und fragte sie, was denn los sei. Sie schwiegen.

Ich hatte keine Ahnung, was sie von mir wollten. Eine feindliche Stimmung lag in der Luft.

Keiner von ihnen hatte seine Kutte an. Alle trugen schwarze Bomberjacken, darunter kugelsichere Westen. In ihren Händen hielten sie blaue Müllsäcke. Sie liefen durch meine Wohnung und sammelten alles ein: T-Shirts, Pullover, Jacken, Bilder, Schmuck, alle meine Clubsachen. Schließlich wurden sie gierig und nahmen auch den Schlüssel der Harley an sich.

Während fünf von ihnen beschäftigt waren und meine Sachen durchwühlten, schnappte ich mir Joe, ein ganz normaler Member ohne besondere Funktion in unserem Charter. Ich griff ihn mir, weil er direkt neben mir stand, und ging mit ihm ins Bad. Ich wollte endlich wissen, was eigentlich los war. Doch bevor er etwas sagen konnte, stand Jack schon in der Tür. Er lehnte sich gegen den Rahmen, in seiner Hose steckte ein Revolver. Joe nuschelte etwas von einem bewaffneten Raubüberfall. Mit einem Bekannten soll ich zwei Russen überfallen und dreißig Kilo Koks erbeutet haben. Die Ware hätte ich angeblich eingesteckt und am Club vorbeigeführt. Ich fragte, wer solch einen Bullshit erzählen würde, und forderte, dass wir sofort losziehen, um die Sache zu klären. Das wollten sie aber nicht. Erst später verstand ich, warum nicht.

Nach einer Viertelstunde waren sie fertig und verließen meine Wohnung. Im Flur sagte einer:»Das war's jetzt für dich, Uli. Out.« Ich stand in meiner Wohnungstür, bekleidet mit einer Boxershorts. Den Rest hatten meine Brüder mitgenommen: meine Lederkutte mit den Aufnähern des Clubs und den goldenen Dead-Heads, mein Shirt mit dem Schriftzug. Alles war weg.

Ich war fassungslos, ging zurück in meine Wohnung, schloss die Tür und setzte mich auf mein Bett. Ich war zu müde, um über das, was gerade geschehen war, nachzudenken. Nach sechsunddreißig Stunden äußerst anstrengender Reise fielen mir die Augen fast im Stehen zu; ich wollte die Sache am nächsten Tag aufklären. In meiner Wohnung lag ein miefiger Geruch. Über dem Mülleimer in der Küche kreisten kleine Fliegen. Ich hatte vergessen, ihn vor meiner Reise zu leeren. Ich lief zum Kühlschrank, schnappte mir eine Packung Milch und trank daraus einen großen Schluck. Die Milch war sauer. Ich spuckte alles in die Spüle und schnappte mir ein Bier. Ein Zug und die halbe Flasche war leer. Ich baute mir eine Tüte. Meine Daumen waren schlapp, ich konnte kaum noch drehen. Nach vier Zügen schlief ich ein.

Als ich am nächsten Morgen aufwachte, drehte ich mir eine Zigarette und überlegte mir, wie ich die Sache aufklären könnte. Ich wollte Klarheit schaffen und die Vorwürfe gegen mich aus der Welt räumen.

Ich war ein Hells Angel.

Ich war ein Hells Angel

Ich stapfte durch mein Wohnzimmer, die kleinen Staubkügelchen flogen in die Ecken. Ich suchte meine Zigaretten. Nach der ersten Kippe griff ich zu meinem Handy. Ich wollte wissen, warum meine Brüder mir so etwas anhängen wollten. Ihrem Bruder, der sie alle zu Membern ernannt hatte. Ihrem Gründer. Ohne mich hätte es das Charter nicht gegeben, und ohne mich hätte das Charter in Kassel schon längst vor den Bandidos und den Zuhältern kapituliert. Ich war derjenige, der die Leute zusammengetrommelt hatte, als uns die Bandidos in unsere Geschäfte pfuschen wollten. Ich ging immer als Erster auf unsere Feinde los und tat den ersten Schlag. Und jetzt sollte alles vorbei sein?

Ich wählte die Nummer eines Bruders aus Kassel. Er ging nicht ans Telefon und rief auch später nie zurück. Dann wählte ich die Nummer eines Bruders aus Bremen. Er begrüßte mich und sagte, dass er mit mir nicht mehr reden dürfe: »Du bist raus, Uli. Out!« Dann legte er auf. Ich rief weitere Brüder an, in Berlin, Frankfurt und Essen. Immer wieder hörte ich diesen Satz, doch ich konnte ihn nicht verstehen. Ein Überfall sollte der Grund für meinen Rauswurf sein? Ich sollte

Ich war ein Hells Angel

zwei Russen überfallen und ihnen dreißig Kilo Koks abgenommen haben? Es passte nichts zusammen. Ich hatte weder irgendwelche Russen überfallen noch Koks geraubt.

An diesem Tag war ich mit meiner Schwester verabredet. Als wir uns trafen, erzählte ich ihr, was passiert war. Sie hatte nie etwas mit meinen Geschäften
zu tun. Ab und zu war sie mit auf unseren Partys. Sie
wusste auch keine Erklärung für das, was passiert war.
Das Einzige, was sie meinte, war: »Uli, jetzt werden sie
dich grillen.«

Drei Tage später rief sie mich an: Sie müsste dringend mit mir reden – sofort. Ich hörte Angst in ihrer
Stimme. Meine Schwester ist eine außergewöhnliche
Persönlichkeit, durch und durch integer. Sie hat nicht
einmal einen Punkt in Flensburg. Ich wusste also, dass
es sehr ernst sein musste. Als wir uns trafen, erzählte
sie mir, dass sie einen Anruf bekommen hatte. Der An-
rufer wollte den Fahrzeugbrief der Harley. Er drohte
meiner Schwester, sie umzubringen, wenn ich den Brief
nicht herausgäbe. Ich kochte vor Wut!

Die Harley stand immer im Clubhaus. Doch ohne
den Fahrzeugbrief war sie maximal fünftausend Euro
wert, mit dem Brief konnten sie das Bike für wenigstens fünfzehntausend Euro verkaufen. Viel Geld für
die Clubkasse – genug, um eine Party zu schmeißen.

Ich fuhr zurück in meine Wohnung, setzte mich aufs
Bett und drehte mir erst einmal eine Zigarette. Dass
man versuchen würde, mich umzulegen, lag angesichts
dieser Anschuldigung nahe. Dreißig Kilo Koks am
Club vorbei gedealt zu haben bedeutet 2,7 Millionen
Euro Verlust. Das ist Grund genug …

Ich kann mich jedoch sehr gut wehren. Ich hatte
gelernt, mit ein oder zwei Schlägen jemanden so um-

zuhauen, dass er kaum wieder auf die Beine kam. Selbst drei Leute hatten gegen mich keine Chance – sie müssten schon sehr gute Kämpfer sein. Früher hatte ich professionell geboxt und war ein berüchtigter Straßenkämpfer.

Ich selbst komme mit jeder Situation zurecht, meine Schwester nicht – zumindest nicht mit einer solchen. Sie hatten mich an meiner empfindlichsten Stelle getroffen. Zum ersten Mal in meinem Leben hatte ich Angst. Angst, dass sie meiner Schwester etwas antun werden.

Ich gab der Zigarette Feuer, rauchte sie zu Ende. Dann die nächste. Ich suchte nach einer Lösung. Doch immer wieder kam ich zu dem Schluss, dass ich meine Schwester keine vierundzwanzig Stunden am Tag beschützen könnte. Ich grübelte. Man hatte mir etwas angehängt. Sie hatten der ganzen Welt erzählt, dass ich out wäre. Sie fühlten sich stark, und etlichen von ihnen waren Morde zuzutrauen!

Ich kenne die Möglichkeiten, einen Menschen auszuschalten. Wenn meine Schwester auf die Straße ginge, könnten sie sie umfahren – eiskalt. Bei der Polizei könnten sie behaupten, dass es ein Unfall gewesen sei. Vor Gericht würden sie mit einer Bewährungsstrafe davonkommen. Es gibt viele solcher Möglichkeiten. Das haben wir gelernt.

Es gab nur einen Ausweg: die Polizei. Nein, dachte ich immer wieder, ich könnte nie zu den Bullen gehen, die waren doch meine Erzfeinde! Aber ich musste meine Schwester beschützen. Meine Gedanken bekämpften sich gegenseitig. In meinem Herzen bin ich ein Rocker, der niemals zu den Bullen rennen würde. Doch mein Verstand sagte mir, dass ich es tun musste, um ihr Leben zu retten. Der Kampf meiner Gedanken dauerte zwei Tage und kostete mich vier Schachteln Zigaretten.

Kooperation

Am 26. April 2007 hatte ich einen Termin bei meinem
Anwalt. Ich kenne ihn seit meinem ersten Strafverfah-
ren 1985. Damals saß ich im Knast, weil ich Drogen
von Holland nach Deutschland geschmuggelt hatte.
Die Bullen hatten mir eine Falle gestellt und mich festgenommen. Der Anwalt war mein Vertrauter, doch
diesmal konnte er mir nicht helfen. Er vermittelte mir
einen ihm vertrauten Staatsanwalt.

Ein Mann im Auftrag des Staates sollte mir helfen.
Ein Mann, dessen Kollegen schon zigmal versucht hatten, mich hinter Gitter zu bekommen. Die Ordnungs-
strafen gefordert hatten, wenn ich in meiner Kutte vor
Gericht aufgeschlagen bin. Die zusammengezuckt waren, wenn ich auf der Anklagebank das Mikrophon zur
Pistole umfunktioniert und in deren Richtung gedreht
hatte. Einem Staatsanwalt, der keine Ahnung hatte,
was da draußen abgeht.

Meine Schwester und ich trafen uns mit dem Staatsanwalt im Büro meines Anwalts. Nachdem er mir die
Hand geschüttelt hatte, musterte er mich. Sein Blick
stoppte, als er die Tätowierungen auf meinen Hand-
rücken entdeckte: den World-Dead-Head auf beiden

Seiten. Seine Augen wanderten weiter bis zu meinem Hals. Dort ist der schwarze Schriftzug »Hells Angel« eintätowiert und rechts daneben der Dead-Head mit den Farben des Kassler Charters. Was er nicht sah: meine Oberarme und Beine – ebenfalls voller Clubsymbole. Schweigend ging er zu einem Stuhl und setzte sich.

Nun begutachtete ich ihn. Er sah aus wie ein Lehrer, über fünfzig Jahre alt, so groß wie ich, aber nur halb so breit. Unter seinem dunklen Sakko trug er ein Shirt und eine Jeans. Er begann zu reden. Seine Stimme war ruhig. Sachlich erklärte er mir, dass ich ihm alles erzählen müsste. Er wollte wissen, von welchen Straftaten ich wusste und wo die Clubwaffen aufbewahrt wurden.

Dieser Mann wusste ganz genau, dass ein Hells Angel niemals auspackt. Kein einziger Satz darf über den Club in die Öffentlichkeit gelangen. Unsere Verpflichtung ist das Schweigen. Jeder schweigt. Verrat wiegt schlimmer als Mord. Und ich sollte jetzt mein ganzes Leben verraten – meine Überzeugung, meinen Club, meine Brüder.

Der Staatsanwalt erklärte mir, dass wir die Polizei einschalten müssten. Er würde mir zwei vertrauenswürdige Beamte des Zeugenschutzes vermitteln, mit denen ich mich treffen sollte. Nur so sei ein Schutz meiner Schwester möglich. Ich musste dem Staatsanwalt vertrauen, denn es ging in diesem Fall nicht um mich, sondern um das Leben meiner Schwester. Ich ließ für sie mein Leben und begab mich in die Hände meiner grünen Erzfeinde.

Mir wurde schlecht, sobald ich auch nur einen Gedanken daran verlor, mit den Bullen zusammenzuarbeiten. Doch ich musste es tun. Ich musste kooperieren.

LEHRJAHRE

Schulzeit

Ich war zwölf, als ich das erste Mal zuschlug, und besuchte die Gesamtschule in Kassel. Es geschah in der großen Pause. Wir befanden uns gerade auf dem Schulhof, als ein Mitschüler zu mir kam. Er hielt einen Vogel in der Hand, eine Schwalbe. Freudestrahlend zeigte er mir das Tier. Dann nahm er seine rechte Hand und riss dem Tier den Kopf ab – einfach so. Der Vogel war sofort tot. Ich sprang dem Typ an die Gurgel und schlug ihm mit der Faust so stark aufs Maul, dass er umfiel. Natürlich wurden wir anschließend zum Direktor gerufen. Bestraft wurde ich für diesen Schlag nicht, aber von nun an hatten alle Respekt vor mir.

Ich ließ mir nie etwas gefallen – nicht von meinen Mitschülern, nicht von meinen Lehrern. Ungerechtigkeiten sühnte ich sofort.

Einige Zeit später rief der Direktor meine Eltern zu sich. Er wollte mich nicht mehr an seiner Schule sehen, weil der Vorfall mit dem Vogel nicht der Einzige dieser Art war. Ich musste auf ein Privatgymnasium. Meine Eltern sahen darin meine letzte Chance. Sie hofften, dass ich einen Schulabschluss mache und später eine Lehre beginne. Ich wollte sie nicht enttäuschen.

Mein Vater war Verkaufsdirektor. Meine Mutter

war, als ich noch klein war, Hausfrau, später im öffentlichen Dienst beschäftigt. Als ich sechzehn Jahre alt war, ließen sich meine Eltern scheiden. Doch auch danach hielten wir weiter regelmäßigen Kontakt. Geburts- und Feiertage verbrachten wir immer gemeinsam als Familie – auch dann noch, als mein Vater eine neue Frau kennengelernt hatte. Uns konnte nichts trennen.

Nach der mittleren Reife begann ich eine Ausbildung zum Radio- und Fernsehtechniker, die ich auch abschloss. Die Lehre war zwar ziemlich interessant, aber nicht mein Ding. Ich wollte Geld verdienen – viel Geld. Mir war klar, dass ich das nicht schaffen würde, wenn ich acht Stunden am Tag die Radio- und Fernsehgeräte anderer Menschen reparieren und mir zudem noch deren Probleme anhören musste.

Strafdienst

Kurz nach meinem 18. Geburtstag bekam ich einen Brief von der Bundeswehr. Ich wurde gemustert, für tauglich befunden und für achtzehn Monate eingezogen. Meine neue Arbeitsstätte war das Raketenartillerie-Bataillon in Treysa, wo ich für die Raketen zuständig war. Damals hasste ich das wie die Pest. In meinen drei Monaten Grundausbildung kam ich nur zweimal nach Hause, den Rest der Zeit hatte ich Strafdienst.

Während die meisten Soldaten zu Hause auf ihren Freundinnen lagen, durfte ich mit zwei Kameraden die Toiletten schrubben. Anschließend hatten wir Freizeit. Bei einem Strafdienst kamen wir auf die Idee, in der Stube Würstchen zu grillen. Da wir keinen Grill besaßen, stellten wir einfach zwei Stühle aneinander und darauf ein abgesägtes Ölfass. Einer von uns hatte Holzkohle dabei, der andere Spiritus. Ich machte das Feuer. Auf das Ölfass hatten wir das Gitter eines Fußabtreters gelegt, wo die Würste drauf sollten. Wir setzten unsere Gasmasken auf und warteten, bis die Kohle glühte. Doch bevor wir unsere Würstchen genießen konnten, rückte die Feuerwehr an. Am folgenden Wochenende hatten wir wieder Strafdienst.

Noch schlimmer als die Strafdienste waren die Manöver. Mir stehen heute noch die Haare zu Berge, wenn ich daran denke: stundenlang kilometerweit durch die Pampa kriechen, Schützenlöcher mit einem Klappspaten ausheben. Alles für den Ernstfall, wenn der Russe kommt. Ich sah das nicht ein, denn ich wusste: Der Russe würde nicht kommen. Aber dennoch zogen wir los – Monat für Monat.

Einmal war es wieder so weit. Unser Vorgesetzter befahl, ein Schützenloch zu graben. Ich kannte die Nummer: Loch buddeln, über die Wiese hoppeln und dann bei Alarm zurück ins Loch und verstecken. Ich grub und grub. Die Kuhle war einen halben Meter tief, gut getarnt zwischen kniehohem Gestrüpp. Dann kam der Befehl: Über die Wiese kriechen. Diesmal wollte ich schlauer sein. Ich steckte mein Gewehr mit dem Lauf in die Erde, damit ich das Loch schnell wiederfinde. Ich kroch los, im Augenwinkel den Schaft meiner Flinte. Doch diese Übung sollte anders enden. Ich hatte mein Gewehr schon längst aus den Augen verloren, und es gab immer noch keinen Alarm, kein zurück ins Schützenloch. Ich erklärte dem Unteroffizier, dass mein Gewehr noch auf dem Acker steckt, da ich dachte, dass wir wieder zurückkämen. Plötzlich herrschte helle Aufregung, die ganze Kompanie musste zurück, nicht mehr kriechen, sondern laufen. Nach stundenlanger Suche hatte ich die Flinte wieder in der Hand – und einen neuen Strafdienst am Wochenende.

Behalten wollte mich dieser Verein nicht, ich hatte also nichts mehr zu verlieren. Deshalb dachte ich mir, wieder einmal bei einem Strafdienst am Wochenende, dass ich kreativ werden sollte. Auf dem Hof der Kaserne stand eine riesige Statue: ein Pferd mit einem Reiter darauf. Beides war in nato-olivgrün – ganz langweilig. Ich holte mir einen Eimer mit roter Farbe aus dem Schuppen und malte das Pferd samt Reiter an. Komplett, von oben bis unten. Doch irgendjemand hatte mich dabei gesehen und verpfiffen. Das hieß wieder einmal: Strafdienst, und das Pferd musste ich auch noch wieder grün streichen.

Es war eine harte Ausbildung, aber ich hatte meinen Spaß. Das Einzige, was ich nicht bekam, war viel Geld.

Zwischen Angelladen und Bordell

Nachdem mich die Bundeswehr freudestrahlend und sichtlich erleichtert entlassen hatte, begann ich, drei Monate lang als Lkw-Fahrer zu jobben, um etwas Geld zu verdienen. Das war noch langweiliger als der Job als Radio- und Fernsehtechniker. Während der stundenlangen Autobahnfahrten überlegte ich mir, eine Videothek aufzumachen. Damals gab es davon noch nicht so viele, ich hätte also ein gutes Geschäft machen können. Doch mein Vater lehnte meinen Plan ab: Wenn ich schon ein eigenes Geschäft eröffnen wollte, dann sollte es ein Angelladen sein. Er liebte das Angeln, vor allem die Ruhe dabei. Noch heute ist er Mitglied im Anglerverein. Er glaubte, dass viele seiner Freunde bei mir einkaufen würden.

Zum ersten Mal in meinem Leben roch ich das große Geld. Mit einundzwanzig Jahren eröffnete ich einen Angelladen in Kassel. Das Geschäft lief ordentlich, aber reich wurde ich davon leider nicht. Es war unbefriedigend, den Anglern ihre Klamotten zu verkaufen. Und während sie auf die Sachen warteten, erzählten sie mir irgendwelche Hecht- und Karpfengeschichten. Ich brauchte dringend etwas Neues!

Ich hörte mich ein wenig in Kassel um und stieß dabei auf einen Sexshop. Der Hamburger Hans, so nannte ihn jeder in der Stadt, wollte aus Altersgründen sein Geschäft verkaufen. Für mich war das perfekt. Ich trat mit ihm in Kontakt, und schon nach kurzen Verhandlungen gehörte die Bude mir – für fünfzehntausend D-Mark.

Die beiden Mädels, die in dem Laden saßen, übernahm ich gleich mit. Sie zahlten mir eine Tagesmiete, für den Anfang ganz gut. Ich setzte noch eine weitere Frau rein, die Gummischwänze und Plastikpuppen verkaufte. Dieses Geschäft lief richtig gut.

Tagsüber arbeitete ich in meinem Angelladen, und abends ging ich in den Puff – zum Abkassieren. Nach einem dreiviertel Jahr kaufte ich einen weiteren Sexshop in einem anderen Stadtteil von Kassel, etwa drei Kilometer entfernt. Auch da saßen zwei Mädels drin – schöne Dinger, mit kleinen Brüsten und langen Haaren.

Zwei Jahre lang verdiente ich mir eine goldene Nase. Doch dann wurde AIDS ein großes Thema. Als die ersten Todesfälle in Deutschland bekannt wurden, bekamen es alle mit der Angst zu tun. Meine Mädels waren irritiert, weil die wenigsten Kunden es mit Gummi machen wollten. Mein Geschäft brach ein, und ich verkaufte beide Läden.

Anfang der achtziger Jahre begann ich, als Türsteher und Inkasso-Mensch zu arbeiten. Da ich groß und kräftig bin und mir den Respekt schon in der Gesamtschule erarbeitet hatte, erhielt ich jede Menge Aufträge. Jemand kam beispielsweise zu mir, erklärte mir, dass er ein Problem mit Herrn X hätte – und ich löste es. Oft ging es ums Geld: Schuldeneintreiben – mal zehn Scheine, mal bloß zweihundert Mark. Ich redete immer freundlich mit den Menschen, doch wenn einer nicht zahlen wollte, gab es Stress.

Ein Kunde war einmal besonders hartnäckig und wollte partout nicht zahlen. Ich musste ihm die Eier langziehen und ein Vorhängeschloss herumbinden. Die Dinger schwollen enorm an, so etwas hatte ich noch nie gesehen. Er musste sich einige Tage lang im Krankenhaus behandeln lassen – und zahlte anschließend. Die Methode war erfolgreich, und ich war viel unterwegs: in Frankfurt, Wuppertal, Hamburg, fast in ganz Deutschland.

Nach einiger Zeit hatte sich die Angst vor AIDS zum Glück wieder etwas gelegt. Ich besorgte eine Wohnung und setzte ein Mädchen rein. Die arbeitete für mich, und zwar sehr gut. Ihre Kunden waren Touristen, Bäcker, Immobilienmakler und Rechtsanwälte. Nach wenigen Monaten war ich wieder gut im Geschäft. Ich mietete ein kleines Häuschen und holte mir noch zwei Frauen.

Von Kollegen hörte ich, dass der Straßenstrich besser laufen sollte als die Wohnungsprostitution. Ich schickte also zwei meiner Mädels auf die Straße, und zusammen mit einem Freund mietete ich eine Wohnung ganz in der Nähe. Das Geschäft lief so gut, dass ich nur noch wenig Zeit für meinen Angelladen hatte. Meine Mutter führte ihn weiter, meine Schwester half ihr ab und zu. Die meiste Zeit des Tages saß ich nun im Wirtschafterraum des Puffs. Wenn die Mädels auf den Zimmern Probleme mit ihren Freiern hatten, drückten sie den Alarmknopf. Dann kam ich ins Spiel. Es gab viele Freier, die Stress machten: besoffene Typen, die keinen mehr hochbekamen und meinten, dass mein Mädchen drei Stunden an ihnen rumbasteln müsste – und das für fünfzig D-Mark. Ich warf sie raus. Manche wehrten sich, doch dann gab es eine rechts, eine links, und schon waren sie vor dem Puff. Für die Hartnäckigen gab es eben zwei auf die Ohren. Das Ergebnis war immer gleich.

Ein Freier zog einmal ein Messer, war damit allerdings völlig ungeübt. Er fuchtelte mit dem Ding wild vor mir rum. Diesen Zahn musste ich ihm ziehen: Ich nahm ihm das Messer einfach weg und steckte es in seinen Hintern. Ich glaube, dass er danach nie wieder ein Messer in die Hand nahm.

Ein anderes Mal hatten drei asiatische Touristen meine Mädels auf der Straße angepöbelt. Ich kam hinzu und schlug ihnen aufs Maul, doch sie wollten immer noch keine Ruhe geben. Ich griff also zum Pfefferspray, packte sie an den Haaren und schoss ihnen das Zeug in Nasenlöcher, Augen und Mund. Kurze Zeit später kam der Krankenwagen. Die Sanitäter verarzteten sie eine dreiviertel Stunde auf dem Straßenstrich. Angezeigt wurde niemand.

Mein zähester Gegner war ein Russe. Er und sein Kumpel hatten eines meiner Mädchen auf der Straße angesprochen und waren mit ihr in den Puff gekommen. Als ich sah, dass sie zu dritt auf ein Zimmer gingen, war mir sofort klar, dass es nicht lange dauern würde, bis der Alarm losgeht. Und genau so war es: Nach fünf Minuten brummte der Bär. Ich schnappte meinen Baseballschläger und rannte rauf auf das Zimmer. Die beiden hatten dem Mädchen tatsächlich eine gescheuert. Das ging gar nicht. Also gab es Knüppel aus dem Sack. Nach ein paar Schlägen lag der Erste zwischen Bett und Wand. Sein Kumpel wollte aber noch mehr: Dem schlug ich mit dem Basi, traf ihn unglücklich am Ellenbogen. Ein Stück Knochen mit Fleisch flog unter die Decke und blieb dort kleben. Doch immer noch wollte er nicht aufhören. Ich warf also die Keule in den Flur und bearbeitete ihn mit meinen Fäusten weiter. Der kam immer wieder hoch – unglaublich! Meine Fäuste sahen ziemlich übel aus. Als er dann irgendwann nicht mehr konnte, packte ich die immer noch wimmernden Kerle und schleifte sie raus.

Stress gab es auch unter den Bordell-Besitzern. Der Wirtschafter eines verfeindeten Puffs hatte irgendeine Scheiße über mich erzählt und sich bei den Mädels wichtig gemacht. Natürlich durfte er meine Mädchen nicht ansprechen, wenn er ein Problem hatte, sondern er musste das direkt mit mir klären. Als er wieder auf dem Strich unterwegs war, erhielt ich einen Anruf. Das war meine große Stunde. Ich sprang in meinen Benz und stoppte mitten auf der Straße, sprang aus dem Wagen, boxte dem Typen sofort eins aufs Maul und gab ihm dann noch eine Kopfnuss. Er sackte zusammen, doch diesmal wollte ich ein Exempel statuieren. Ich packte ihn, riss ihm sein linkes Ohr ab und warf es ihm vor die Füße. Ich flüsterte ihm in sein intaktes Ohr, wenn er sich noch einmal in der Straße blicken ließe, bekäme er auch sein rechtes Ohr zu fressen. Der Typ haute ab und wurde nie wieder gesehen – ich war der Platzhirsch.

Bisher hat es niemand geschafft, mich mit Messer, Kanone oder Eisenstange zu bezwingen. Einige Versuche gab es schon: Zweimal wurde ich angeschossen, zweimal hatte ich ein Messer im Rücken, und meine Hände waren unzählige Male gebrochen.

Gute Deals

Ich wollte meine Geschäfte weiter ausbauen und noch mehr Geld machen. Drogen waren im Milieu angesagt. Ich überlegte mir also, wie ich diese beschaffen und wieder verkaufen könnte. Mitte der achtziger Jahre fuhr ich deshalb ab und zu nach Amsterdam. Ich ging von einem Coffee-Shop in den nächsten – auf der Suche nach einem Dealer, der mir vertrauenswürdig erschien.

An Dope gab es in Amsterdam alles: Pilze, Haschisch, Kokain, Heroin. Ich hatte mir genug Geld zur Seite gelegt. Dafür wollte ich Hasch kaufen. Ich besuchte die übelsten Läden, sprach mit allen. Nach etwa einem Jahr hatte ich endlich eine gute Connection gefunden. Das ganze Geschäft war damals äußerst kompliziert, weil es noch keine Handys gab. Ich musste zu einer bestimmten Uhrzeit eine Telefonzelle anwählen, damit wir einen Treffpunkt verabreden konnten.

Zum ersten Deal nahm ich einen Kumpel als Rückendeckung mit, falls etwas schiefgehen sollte. Treffpunkt war ein Coffee-Shop in der Amsterdamer City. Ich hatte mir eine clevere Strategie ausgedacht: Das erste Hasch, das er mir zeigte, konnte ja bestimmt nicht sein bester Stoff sein. Wir testeten es, und tatsächlich ging mein Plan auf: Er holte uns neuen, besseren Stoff. Ich probierte wieder – und wollte noch besseren. Nach einer halben Stunde kam er wieder, brachte mir eine Platte. Die war sehr weich, dunkelgrün, optisch eine Augenweide. Das Zeug war in marokkanischem Zeitungspapier verpackt. Genau das wollte ich.

Am nächsten Tag sollte der Deal steigen. Mein Kumpel und ich gingen wie verabredet in den Coffee-Shop. Der Holländer führte uns eine steile Treppe hinauf ins Obergeschoss. Er schloss die Eisentür, und wir standen auf dem Dachboden. In der Mitte stand ein langer Holztisch, darauf eine große Waage, daneben das Haschisch. Ich öffnete jedes einzelne Paket und schaute rein. Schließlich hätte ja auch ein Backstein oder gar Gips eingewickelt sein können. Der Holländer begann zu lachen. Als ich meine Kontrolle beendet hatte, gab ich ihm das Geld. Er zählte nicht nach, sondern vertraute mir einfach. Mein Kumpel und ich steckten die Pakete in unsere Reisetasche, gingen zurück zum Hotel und ließen uns zur Feier des Tages zwei Mädels aufs Zimmer kommen. Am nächsten Tag fuhren wir zurück nach Deutschland.

Ich konnte das Zeug gut verkaufen, und schon zwei Wochen später holte ich die nächste Lieferung. Es war ein lukratives Geschäft, aber diese ganze Schlepperei ging mir auf die Nerven. Die Haschplatten waren schwer und schlecht zu verstecken. Ich fragte den Holländer, ob er auch gutes Kokain besorgen könne. Das versicherte er mir, und ich bestellte.

Am Wochenende reiste ich wieder nach Amsterdam.

Was ich zu diesem Zeitpunkt nicht wusste: Die Stadt war unter drei Drogen-Bossen aufgeteilt. Einer von ihnen war der Chef meines holländischen Dealers, und der wollte mich kennenlernen. Mein Dealer und ich trafen uns also in einem Café im Bahnhof. Ich fragte ihn, wo denn sein Boss sei, doch der war schon anwesend. Er wollte gar nicht mit mir reden, sondern nur schauen, wer ich bin. Nach einer Cola und wenigen Zigaretten stand der Holländer auf und ging zu einem älteren Mann zwei Tische entfernt. Der Typ sah nicht aus wie ein Drogen-Boss, sondern eher wie ein Rentner, der seinen Lebensabend genoss. Die beiden redeten kurz miteinander, dann kam mein Dealer zurück. Es war alles okay, sein Boss hatte mich akzeptiert.

Wir starteten den nächsten Deal. Das Kokain packte ich in die Verkleidung meines Autos. Heute wäre das kein gutes Versteck mehr, denn die Bullen kennen das inzwischen. Damals jedoch funktionierte der Trick ohne Schwierigkeiten.

Mit der Zeit wurde das Geschäft immer ausgefeilter: Wir fuhren nun mit zwei Autos nach Amsterdam: einem auffälligen, das zwei Wagen vor dem eigentlichen Transport die Grenze passierte. Der auffällige Wagen wurde meistens kontrolliert, das eigentliche Transportgefährt nie. Ich fuhr damals einen 316er BMW. Unter der Motorhaube war eine Querstange angebracht. Da passte ein Kupferrohr mit zwölf Millimeter Durchmesser und einer Länge von 1,27 Meter rein – genug Platz für Koks. Nie hat das jemand gefunden!

Mit der Zeit musste ich mir neue Transportmöglichkeiten einfallen lassen, denn irgendwann gab es keine 316er BMW mehr. Ich holte mir einen 318er, bei dem das Rohr vorn geknickt war. Zum Schmuggel war das völlig wertlos. Ich bastelte also Kupferhülsen, jede vierzehn Zentimeter lang. Oben und unten befand sich ein Stopfen, der mit Sekundenkleber festgemacht wurde. Zwischen Kleber und Kokain legte ich ein Tuch, damit der Stoff sauber blieb. Die Hülsen steckte ich in den Tank. Das war sehr einfach, aber gefährlich. Bei jedem Bremsmanöver, knallten die Hülsen gegen die Wand des Tanks. Das polterte ziemlich laut. Wenn die Grenzer das gehört hätten, hätten sie mir vermutlich den gesamten Tank auseinandergebaut.

In Kassel angekommen, ging ich zu einem Großhandel und kaufte Gummischläuche, Kühler- und Wasserschläuche. Im hintersten Zimmer meines Angelladens legte ich die Schläuche in Benzin und wartete ab, ob sich deren Größe veränderte. Viele der Schläuche wurden milchig, weich oder lösten sich ganz auf. Nur einer hielt: Der war perfekt. Ich musste viel basteln, um nicht entdeckt zu werden.

Eines Tages erzählte mir Hansi, ein guter Kumpel, dass er einen Typen kennen würde, der mit dem Schiff schmuggelt – von Emden nach Delfzijl in den nördlichen Niederlanden. Ich hatte ihn einige Male beauftragt, Drogen für mich mitzubringen. Doch schon bald dachte ich: Was der kann, kann ich auch.

Ich kaufte mir eine Motoryacht: vierzehn Meter lang, zwei 350-PS-Motoren. Nebenbei machte ich den Führerschein für Binnen und See, schließlich musste ich wissen, was diese ganzen Tonnen und Lichter auf See bedeuteten. Meine Yacht brachte ich nach Norddeich in einen schönen Hafen. Von dort aus schipperte ich über die Nordsee, die Emsmündung entlang nach Delfzijl. In Delfzijl stand ein Auto bereit, mit dem ich nach Amsterdam fuhr. Es war eine harte Zeit, mein Leben spielte zwischen Ebbe und Flut, Autofahren und dem Sammeln von Nummern von Telefonzellen.

Die Drogen packte ich immer in meinem Angelladen aus, wo ich sie auch portionierte – eine perfekte Tarnung. Viele meiner Angel-Kunden fragten mich, wo ich die ganze Zeit bleibe und was ich so mache. Ich erzählte denen, dass ich Touren zum Hochseefischen veranstalte. Oft wollten sie mitkommen, doch leider war ich immer ausgebucht.

In Kassel gab ich den Stoff zum Verkaufen weiter. Einer meiner Dealer wurde irgendwann erwischt. Bei den Bullen packte er aus und erzählte denen, dass er das Zeug von mir hätte.

Ärger mit den Bullen

Ein dreiviertel Jahr observierte mich die Polizei – ganz geschickt sogar, denn ich bekam nichts davon mit. Irgendwann schickten sie den Dealer als Lockvogel zu mir. Er betrat meinen Laden und fragte, ob ich ihm dreißig Gramm Koks besorgen könne. Mein Hund Cassius, eine schwarz-weiße Dogge, knurrte ihn an. Er roch den Braten, ich leider nicht! Wie verabredet fuhr ich abends zu seinem Haus. Den Stoff hatte ich im Auto. Mir kam die ganze Situation zwar komisch vor, aber bevor ich lange darüber nachdenken konnte, schossen vier Autos von allen Seiten auf mich zu. Wenige Sekunden später hatte ich eine Kanone am Ohr, wurde aufs Auto geworfen und bekam Handfesseln angelegt. Ich kam in den Knast: sechs Monate Untersuchungshaft. Ein Mithäftling, der auch wegen eines Verstoßes gegen das Betäubungsmittelgesetz saß, empfahl mir einen Anwalt – der mich von da an begleiten sollte. Der Anwalt kämpfte für mich vor dem Richter. Dennoch wurde ich zu zweieinhalb Jahren Haft verurteilt.

Nach dem Prozess stellten wir einen Antrag, dass ich ins Freigängerhaus kommen sollte, schließlich musste ich meinen »Angelladen« weiterführen. Der Antrag wurde genehmigt, ich war tagsüber frei. Allerdings liefen meine Puffs nicht mehr so gut, denn ich konnte nur selten nach dem Rechten sehen. Das reichte nicht aus.

Als ich meine Zeit im Knast abgebrummt hatte, konnte ich mich endlich wieder um meine Bordelle kümmern. Zwei Mädchen waren mir schon weggelaufen. Ich musste mich also ins Zeug legen: Neue Mädels mussten her, damit der Laden wieder lief.

Ich lernte eine Rothaarige kennen. Rothaarige Mädchen mochte ich nicht, so dass ich sie erst nicht für mich ackern lassen wollte. Doch die konnte richtig gut ficken, und ihr Umgang mit den Freiern war ausgezeichnet – gut fürs Geschäft. Nach einem Jahr lernte sie jedoch einen Schoppenschlepper kennen, der bei einer Luden-Hochzeit gekellnert hatte. Es kam wie es kommen musste: Sie verliebte sich ihn. Eines Tages rief mich mein Wirtschafter an. Er erzählte mir, dass sie nicht zur Arbeit erschienen war. Ein anderes Mädchen verriet mir, dass sie bei diesem Schoppenschlepper steckte. Nur einen Tag dauerte es, bis ich wusste, wo der wohnt. Ich ging dort hin, trat ihm die Tür ein und nahm ihn mir zur Brust. Dem Mädchen sagte ich, dass sie mir die übliche Ablöse zahlen sollte, sonst … Sie rannte aber gleich zur Schmiere. Ich hätte es mir denken können.

Wenige Tage später wurde ich vor einem Puff in Paderborn festgenommen und bekam einen Haftbefehl wegen räuberischer Erpressung vorgehalten. Ich saß vierzehn Monate – mit einer Unterbrechung von vierundzwanzig Stunden – in Untersuchungshaft.

Diesmal wollten die Bullen mich so richtig festnageln. Das Mädchen hatte ihre Aussage etwas erweitert und der Polizei erzählt, dass ich jemanden umgebracht und zerstückelt in der Fulda versenkt hätte. Außerdem hätte ich Hunderttausende von D-Mark in einem Waldstück bei Kassel vergraben. Wochenlang suchten sie den Fluss mit Booten, Tauchern und den Wald mit Hundertschaften ab – ohne jeden Erfolg, schließlich lag da keine Leiche und Geld gleich gar nicht. Konnte auch nicht, denn die Aussage war ersponnen.

Wie ich später erfuhr, hatte das Mädchen es auch mit einem der Polizeibeamten getrieben. Diese Beziehung flog dann beim Prozess gegen mich auf, genauso wie einige Lügen des Mädchens. Ich wurde zu zweieinhalb Jahren Haft verurteilt, bekam aber bald wieder Freigang. Der Bulle wurde degradiert und zu den Verkehrskaspern strafversetzt.

BONES MC

Rockerleben

Während meiner vierzehnmonatigen U-Haft war ich mit einer Kontaktsperre belegt. Ich saß jeden Tag dreiundzwanzig Stunden lang in meiner sechs Quadratmeter großen Einzelzelle; nur für eine Stunde durfte ich auf den Hof – natürlich allein. Niemand durfte mit mir sprechen, nur meine Familie konnte mich besuchen. Ich hatte viel Zeit zum Nachdenken. Irgendwann kam ich zu dem Entschluss, mit der Dealerei aufzuhören. Diese Koks-Geschäfte brachten mir zwar temporär gut Geld, aber diese ständige Knasthockerei ging mir ziemlich auf die Nerven; stattdessen hätte ich andere schöne Sachen machen können.

Sofort am ersten Tag in Freiheit setzte ich mein Vorhaben um. Kein Koks mehr, kein Hasch, keine Deals. Ich kümmerte mich wieder rund um die Uhr um meine Bordelle und meinen Angelladen. Wenn nichts anlag, setzte ich mich auf mein Mopped und fuhr durch die Gegend – ganz sinnlos, von A nach B und wieder zurück.

Aus dem Rotlichtmilieu kannte ich fünf Kumpels, die ich als sehr gute Freunde bezeichnen würde. Eine Zeitlang hatten wir uns kaum gesehen, denn ich war ja ständig auf der See unterwegs. Jetzt trafen wir uns wieder öfter, quatschten und feierten miteinander. 1995 kamen wir bei einer Party auf die Bones zu sprechen. Der Motorrad-Club war damals mit zwölf Chartern der größte in Deutschland. Wir hatten schon einiges von denen gehört. Diese Rocker waren wie wir: Sie fuhren gern Mopped und hielten zusammen. Nahezu alle sollten aus dem Milieu kommen und sich gegenseitig bei ihren Geschäften unterstützen. Wir dachten, dass wir dort ganz gut reinpassen würden.

Die Bones gab es nur in Deutschland. Das erste Charter hatte sich Ende 1968 in Frankfurt am Main gegründet – fünf Jahre vor der Gründung des ersten deutschen Hells-Angels-Charters in Hamburg. Viele Member kamen aus dem Milieu. Ihr Arbeitsfeld: Prostitution, Schutzgelderpressung, Hehlerei, Drogen-, Waffen- und Menschenhandel. Ihr Clubabzeichen auf dem Rücken der schwarzen Lederkutte war eine übergroße Knochenhand. Zuletzt, also im Jahr 1999, hatten die Bones etwa zweihundertfünfzig Mitglieder in vierzehn Chartern.

Wir kauften uns Biker-Zeitschriften und suchten darin nach Partys. Jedes Wochenende stieg mindestens eine. Also schnappten wir uns unsere Moppeds, fuhren hin und feierten mit. Wir schauten uns alles an. Ein Jahr lang zogen wir das durch: mit dem Mopped durch die Provinz, in verschiedene Städte. Auf dem Rücksitz immer ein paar schöne Mädels aus unseren Bordellen. Wir feierten, soffen, rauchten und quatschten mit den Bones.

Bei den Partys stellte sich heraus, dass die Frankfurter Bones gut im Geschäft waren. Einige von ihnen hatten fast das ganze Milieu in ihren Händen. Ich besorgte mir die Nummer des Vize-Präsidenten und rief ihn an. Ich erzählte ihm, dass wir sechs Leute aus Kassel wären, die Lust haben, Bones zu machen. Er sagte, dass wir zur nächsten Party nach Frankfurt kommen sollten. Die Party stieg an Halloween. Mit drei Autos und ein paar Mädchen auf den Rücksitzen machten wir uns auf den Weg.

Die Party fand im Clubhaus der Bones statt. Fünfhundert Leute waren da: vierhundert aus Frankfurt und Umgebung, einhundert aus anderen Chartern. Das Clubhaus stand in einer Gartenanlage, neben dem Haus befand sich ein großer Grillplatz. Auf der Wiese hatten sie Zelte aufgebaut, wo ein paar Mädchen auf Tischen tanzten. Eine Musikband spielte. Einige der Gäste kannte ich aus dem Milieu. Ich wusste aber bis dahin nicht, dass die zu den Bones gehören. Wir kamen ins Gespräch, quatschten locker über den Club, die Geschäfte, die Mädchen.

Auf der Rückfahrt, es war so gegen vier Uhr morgens, war uns klar: Das machen wir! Wir ziehen diese Rocker-Geschichte durch. Unser Ziel war es, mehr Einfluss im Milieu zu bekommen. Wir brauchten bessere Kontakte in andere Städte. Und neben dem ganzen Business konnten wir ein bisschen mit dem Mopped fahren.

Einige Tage nach der Party rief ich den Vize-Präsidenten erneut an. Ich berichtete ihm von unserem Entschluss, und er lud uns zu einem Meeting nach

Frankfurt ein. Als wir ankamen, saßen dort schon alle Bones-Präsidenten aus Deutschland. Einige kannten wir vom Sehen. Wir erklärten ihnen, wer wir waren und was wir so an Geschäften laufen hatten. Sie sagten uns, was wir tun müssten, um ein eigenes Charter zu gründen.

Unser Clubhaus

Als Erstes brauchten wir ein eigenes Clubhaus. Das war eine echte Herausforderung. Wir machten uns Gedanken, wo es stehen und wie es aussehen sollte. Dann fiel uns ein: Die Gelben Ghostriders, die heute Bandidos heißen, besaßen ein Clubhaus in der Söhrestraße in Kassel. Es befand sich ein wenig abgelegen auf dem Gelände des Bahnhofs. Wir fuhren dort hin und schauten uns um: Das Gelände war erstklassig. Schnell hatten wir in Erfahrung gebracht, wann sich die Ghostriders zu ihren Clubabenden trafen; einen davon besuchten wir.

Ein Kumpel und ich »klopften« ganz höflich an der Tür, gingen rein und fragten nach dem Chef: Richie. Er stand auf und schaute uns fragend an. Richie kannte mich aus dem Milieu und wusste sehr genau, wen er vor sich hatte. Damit war er mit Sicherheit nicht der Einzige, denn jeder in der Kasseler Szene kannte mich spätestens aus meiner Zeit als Inkasso-Mensch – und jeder hatte Respekt vor mir. Ich wollte von Richie wissen, von wem sie das Haus gemietet hatten. Er antwortete, dass sie es von der Deutschen Bundesbahn gepachtet hatten. Ohne dass ich lange mit ihm diskutieren musste, wusste Richie sofort, dass er rasch zur

Bahn gehen und den Namen im Pachtvertrag ändern musste. So läuft es eben in der Szene.

Richie jammerte zwar noch etwas herum, denn er wollte sein Clubhaus natürlich behalten, doch dass das völlig indiskutabel war, wusste er auch. Wenige Tage später hatte er uns den Vertrag überschrieben. Was sollte er auch tun? Die Gelben Ghostriders waren zwar zehn Mann und ahnten, dass es eine wüste Hauerei geben würde, wenn sie sich weigerten. Aber ihnen war ebenfalls klar, dass wir die Stärkeren waren, auch wenn wir nur zu zweit waren. Sie wären ratzfatz im Krankenhaus gelandet. Das Ergebnis wäre ohnehin das Gleiche gewesen: Das Clubhaus hätte uns gehört.

Wir gaben ihnen noch einen Tag Zeit, damit sie ihre Musikbox und anderen Sachen aus dem Haus holen konnten. Anschließend besichtigten wir die Hütte: Sie war ziemlich heruntergekommen. An der Decke hing ein verranztes Tarnnetz, Bretter waren kreuz und quer an die Wände genagelt. Eine Tür gab es gar nicht, keine Heizung, kein Kamin. Die alten Fenster waren teilweise verfault.

Die Jungs und ich besaßen zum Glück gute Verbindungen zu Schlossern, Schreinern und Elektrikern. Wir fingen also an, Wände hochzuziehen, den Fußboden neu zu verlegen. Wir ließen uns eine Küche liefern, mit Geschirrspüler, mehreren Kühlschränken und einer Eismaschine. Der Küchenlieferant war ein Bekannter von uns, der schon unsere Bordelle eingerichtet hatte. Die Theken mauerte ich selbst. Ein Schlosser baute neue Fenster ein und montierte Gitter-

Im Partyraum unseres Clubhauses

stäbe davor. Innen schraubten wir Alubleche bis unter die Fenster wegen der dreckigen Stiefel, denn Rocker lehnen gern mal an der Wand und stützen sich dabei mit ihren Stiefeln ab. Wir besorgten uns Stahlbleche und verrammelten das Haus kugelsicher. Dann bauten wir zwei Kamine ein – einen im Member-Raum und einen im Party-Raum. Wir kauften eine Musikanlage und installierten Disko- und Blitzstrahler. Nach zwei Monaten war unser erstes Clubhaus fertig.

Ich rief wieder bei den Bones in Frankfurt an. Sie luden uns in ein Sportlerheim ein, wo wir den Rest klärten. Wir sollten eine kleine Party organisieren. Sie wollten vorbeikommen, um unser Clubhaus zu inspizieren. Für uns war das okay. Wir besorgten Alkohol, etwas zu essen, ein paar Mädchen aus unseren Puffs und legten Musik auf. Am Abend besuchten uns die Bones-Präsidenten. Sie hatten uns sechs Kutten mitgebracht. Auf jeder stand hinten mit weißer Aufschrift »MC Germany«, vorn war ein Sticker »Bones Germa-

Die Bones-Kutte

ny«. Sie ernannten uns offiziell zum Prospect-Charter Kassel. Wir waren mächtig stolz!

In den nächsten Tagen sollten wir die Ämter untereinander verteilen. Das Charter brauchte einen Präsidenten, einen Vize-Präsidenten, einen Kassierer, einen Sergeant at Arms, der für die Waffen verantwortlich war, sowie einen für die Fahrzeuge zuständigen Road-Captain. Ich wurde Road-Captain.

Wie sich später herausstellte, war das keine gute Idee. Denn im Planen von Fahrten erwies ich mich nicht als besonders geschickt. Das merkten auch meine Brüder sehr schnell. Einmal sollte ich eine Route ausarbeiten, was völlig in die Hose ging. Auf irgendeiner Autobahn hatte ich die Orientierung verloren. Nun ja, ich saß auf meinem Mopped, und meine Brüder folgten mir. Direkt vor uns ging die Sonne unter. Sie verschwand langsam hinter den Hügeln. Die Autobahn war frei, ich fuhr auf der mittleren Spur – in Richtung Horizont. Unter

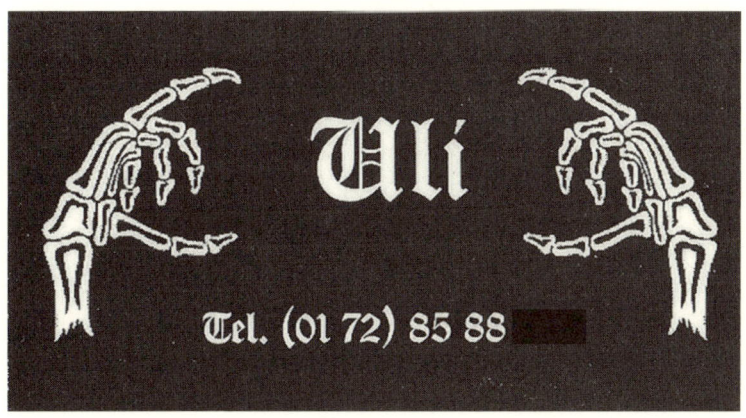

Meine neue Visitenkarte

meinem Hintern blubberte der Motor der Harley, der Wind blies mir ins Gesicht. Bei diesem sensationellen Gefühl von Freiheit vergaß ich glatt, dass wir zu einem Termin mussten. Irgendwann peilten das auch meine Brüder. Einer kam nach vorn, fuhr neben mich. Ich erwachte aus meinem Traum, als er auf seine Uhr zeigte. Wir waren viel zu spät und hatten uns verfahren. Das jedoch durfte einem Road-Captain nicht passieren!

Nach einigen Wochen hatte sich in der Szene rumgesprochen, dass wir bei den Bones waren. Sehr viele Leute kamen, um sich das anzusehen – auch von anderen Motorrad-Clubs. Wir organisierten jeden Samstag eine Party im Clubhaus, was auf großen Zuspruch stieß. Viele Möchtegern-Biker kamen vorbei, feierten mit uns und fragten, ob sie nicht auch mitmachen könnten.

Die Bones-Kralle

Doch die alten Bones hatten uns erzählt, wie das geht: niemandem direkt zusagen und die Leute immer über einen längeren Zeitraum beobachten und abchecken.

Nach etwa zwei Jahren, also 1997, wurden wir zu einem eigenständigen Bones-Charter ernannt. Wir organisierten eine riesige Party. Die Bones-Präsidenten überreichten jedem von uns die Bones-Kralle. Danach gab es literweise Alkohol, süße Stripperinnen und harte Musik. Wir feierten bis in die frühen Morgenstunden. Ich glaube, dass ich irgendwann von meinem Stuhl fiel – glücklich und zufrieden.

Höllenbund

Seit ich ein Bones war, liefen meine Geschäfte noch besser. Ich hatte viele neue Kontakte hinzugewonnen und konnte meine Mädchen mit anderen Puffs austauschen. Es kamen immer dieselben Freier, die meistens den gleichen Fick wollten. Das wurde selbst meinen Mädchen auf Dauer zu langweilig. Durch meine neuen Brüder konnte ich die Mädchen auswechseln. Ich konnte einfach eine nach Frankfurt schicken und bekam dafür eine andere.

Der Zusammenhalt im Club war gut. Wenn ein anderes Charter Probleme hatte, fuhren wir dorthin. Ich erinnere mich noch an eine besondere Hilfsaktion: Ein ganz normaler Motorrad-Club aus der Nähe von Bremen, der mit den Bones befreundet war, hatte Probleme mit den Hells Angels, die zu dieser Zeit in Deutschland fünf Charter besaßen. Sie hatten sich zu einer Party angesagt und gedroht, alles kurz und klein zu schlagen. Der Bremer Motorrad-Club hatte sich an die Bones gewandt – und wir kamen zu ihrer Unterstützung. Meine Aufgabe war, in einer Hecke hinter einem Holzstapel zu liegen – mit einer »Wasserpistole« im Anschlag. Fünf Stunden wartete ich an diesem Tag auf die Hells Angels, doch die ließen sich nicht blicken.

Entweder hatten sie den Braten gerochen oder keine Lust mehr auf Stress.

Im Nachhinein war es gut, dass sie nicht gekommen waren. Denn einige Zeit später schlossen sich die Bones aus Profit- und Expansionsgründen mit den Hells Angels zusammen. Der Motorrad-Club, den wir verteidigen sollten, gliederte sich dem Hells-Angels-Charter West Side in Bremen an.

Von dem Zusammenschluss ahnte damals keiner der Member etwas. Er wurde unter drei Präsidenten ausgemacht: einem der Bones und zwei der Hells Angels. Im Sommer 1999 trafen sie sich erstmals zu geheimen Gesprächen. Ihr Ziel war, die Feindseligkeiten untereinander zu begraben und aus zwei Clubs einen zu machen. Damals beherrschten die Bones das Milieu, die Hells Angels hatten in Deutschland kaum etwas zu melden. Das Trio traf sich regelmäßig über mehrere Wochen. Am Ende kamen sie zu dem Ergebnis, dass die einzige Variante für einen vernünftigen Zusammenschluss darin lag, die Bones aufzulösen. Die Bones waren nur national aktiv, die Hells Angels hingegen international.

Anfang November 1999 wurden alle Bones-Präsidenten zu einem Meeting zusammengetrommelt. Als unser Kasseler Präsident zurückkam, erzählte er uns von dem Vorhaben. Zunächst dachten wir an einen schlechten Scherz, doch er meinte es ernst. Ich fand die Idee gar nicht so schlecht und stimmte zu.

Der Plan musste schnell umgesetzt werden, damit die Öffentlichkeit nichts davon mitbekam, denn

Unser neues Abzeichen

niemand sollte in die Szene hineinfunken. Schon am 12. November 1999 gab es eine Party im Clubhaus der Bones in Hannover. Jeder Bones, der bei den Hells Angels mitmachen wollte, wurde dorthin eingeladen. Vierzehn Bones-Charter wurden von den Hells Angels übernommen: Bonn, Boppard, Darmstadt, Frankfurt, Hannover, Heilbronn, Karlsruhe, Kassel, Mannheim, Offenbach, Reutlingen, Saarbrücken, Singen und West End.

Im Clubhaus war ein Podium aufgebaut, von dem aus sechs oder sieben Vertreter der Hells Angels eine Ansprache an die Bones hielten. Über die Lautsprecher war zu hören: »Welcome in the family«. Danach wurde jedem Einzelnen von uns der Hells-Angels-Aufnäher überreicht. In einem Nebenraum waren zehn Nähmaschinen aufgestellt, und an jeder saß eine Polin. Dort konnten wir uns das neue Logo auf unsere Kutte nähen lassen. Unsere alten Bones-Abzeichen wurden abgetrennt, die neuen Hells-Angels-Patches aufgenäht. Danach wurde gefeiert, und das Bier floss in Strömen.

Das Ende der Bones war damit besiegelt. Die Herrschaft der Hells Angels in Deutschland begann.

HELLS ANGEL FOREVER

Große Freiheit

Am Tag nach der Party in Hannover fuhr ich mit meiner neuen Kutte in unser Clubhaus. Ich schaltete die Musik an und ließ mich berieseln. Optisch war im Haus alles wie vorher, nur meine Stimmung war an diesem Tag anders als sonst. Trotz des dicken Schädels hatte ich ein großartiges Gefühl: ein Gefühl des Aufbruchs. Ich wusste, dass jetzt alles anders würde. Von nun an gehörten wir zu den Hells Angels, dem größten Motorrad-Club der Welt.

In den folgenden Tagen verbannten wir die Bones-Sachen aus dem Clubhaus und bestellten Hells-Angels-Artikel. Ein Bruder namens Bobo, der heute im Charter in Bremen ist, regelte den Verkauf der neuen Ware: Er bot uns Gürtel, Gürtelschnallen, Bauchtaschen, T- und Sweat-Shirts an; bei ihm konnten wir auch die Club-Colours kaufen. Dann machten wir uns an die Umgestaltung unseres Clubhauses. Über die Eingangstür kam ein Leuchttransparent mit der Aufschrift »Angels Place« – das hat jedes Charter in Deutschland. Auch unser Clubhaus strichen wir um – von ehemals schwarz-weiß auf rot-weiß. Die Fensterläden wurden rot, die schwarzen Innenwände und der Anstrich der Toiletten ebenfalls. Wir fingen an, uns auf unsere neue Rolle in der Rocker-Szene einzustellen ...

Die meisten meiner Kasseler Bones-Brüder hielten das nicht lange durch und stiegen aus – einige gleich zu Beginn, andere im Laufe der ersten zwei Jahre. Ihnen war klar, dass das Leben als Hells Angel viel härter sein würde als das bei den Bones. Sie hatten unterschiedliche Gründe, viele waren privater Natur: Ehe, Kinder, keine Lust mehr auf schmutzige Geschäfte und Knast. Sie nutzten diese Veränderungen, um ihr Leben wieder auf die Reihe zu kriegen. Manche standen auch nur zu ihren alten Idealen: »Bones forever«. Sie hatten es noch einfach, aus dem Club auszusteigen; später wurden die Regeln viel härter. In den ersten zwei Jahren konnte jeder, der wollte, den Club wieder verlassen, ohne einen triftigen Grund zu nennen. Später ging das nur noch mit Zustimmung des eigenen Charters und aus schwerwiegenden Gründen wie Krankheit, Familienproblemen oder größeren Streitereien im Club. Denn die Member wissen zu viel über Clubstrukturen – und die sollen geheim bleiben.

Die ersten beiden Jahre im Club waren für alle mehr als chaotisch. In unserem Charter wurden die Posten wild besetzt: Jeder war mal Präsident, mal Vize, mal Sergeant at Arms, mal Road-Captain – und keiner wusste so richtig, was er machen sollte.

Irgendwann bekamen wir unsere erste Einladung zu einem German-Officers-Meeting. Ein Member kam auf unser Clubgelände und übergab uns einen Umschlag, in dem Ort und Zeit des Meetings standen. Unsere Auf-

Unser neuer Angels Place

gabe war es, diese Nachricht zum nächsten Charter zu bringen. In der Clubsprache nennt sich das »Pony-Express«. Die Nachrichtenübermittlung darf nur durch absolut vertrauenswürdige Clubmitglieder erfolgen. Wenn beispielsweise Hannover ein Meeting organisierte, schickten die einen Member nach Kassel, der uns die Nachricht übergab. Daraufhin fuhr einer von uns nach Frankfurt am Main, ein anderer in den Ruhrpott. Diese beiden Charter nahmen die Nachricht an sich, brachten sie nach Mannheim, Stuttgart, München und so weiter. Innerhalb von sechs Stunden wussten alle deutschen Charter, wann und wo das nächste Meeting stattfand. Dieser Aufwand war notwendig, damit die Bullen nichts mitbekamen.

Bei unserem ersten gemeinsamen Meeting wurden viele organisatorische Sachen besprochen. Zum Beispiel wurde uns gesagt, dass wir uns ab sofort nach den World-Rules richten müssten. Das sind die Gesetze der Hells Angels, die für alle Member weltweit bindend sind. Auf dem Meeting durfte jeder neue Präsident und Vize-Präsident sich die World-Rules durchlesen, doch sie mit ins eigene Charter zu nehmen, war zu diesem Zeitpunkt undenkbar. Denn die Hells Angels beschützen diese Regeln wie den Heiligen Gral. Eine wichtige Regel, die niemals an die Öffentlichkeit gelangen darf, besagt beispielsweise, dass im Club keine Schwarzen geduldet werden. Ungeschrieben und trotzdem Gesetz: Die Frau eines Bruders ist absolutes Tabu, und jeder Member muss eine Harley besitzen. Des Weiteren müssen Gewinne aus Geschäften der Member prozentual an den Club abgetreten werden.

Die internen Strukturen gleichen sich bei allen Outlaw-Motorradclubs und ähneln denen der Politik. An oberster Stelle stehen die Amerikaner, in Person Sonny Barger, Mitbegründer des Clubs. Direkt nach ihm kommen die Präsidenten der einzelnen Charter, gefolgt von ihren Vize-Präsidenten. Einen Deutschland-Chef gibt es nicht, auch keinen Hells-Angels-Chef von Spanien oder sonst irgendwo auf der Welt. Die Präsidenten und Vize-Präsidenten sind die höchsten Entscheidungsträger des jeweiligen Charters und untereinander gleichgestellt. Direkt danach folgen die einzelnen Amtsträger. Der Finanzminister bei den Hells Angels ist der Charter-Treasurer, der für die Einnahmen und Ausgaben seines eigenen Charters verantwortlich ist. Er muss auch dafür sorgen, dass alle Beiträge für Veranstaltungen in Deutschland, Europa oder in Amerika fristgerecht überwiesen werden. Der Verteidigungsminister bei den Hells Angels nennt sich Sergeant at Arms und arbeitet Hand in Hand mit dem Road-Captain, dem Verkehrsminister.

Der Road-Captain muss beispielsweise für Gast-Brüder aus dem Ausland Bikes organisieren. Eine seiner wichtigsten Aufgaben ist es, Strecken auszuarbeiten und dafür entsprechende Fahrzeuge zu besorgen. Diese Routenpläne müssen auf die Minute genau stimmen, denn wenn ein Motorrad-Konvoi am Zielort mehrere Minuten warten muss, beschäftigen sich die Bullen damit. Die kommen dann mit dämlichen Fragen an: »Was wollt ihr hier? Was habt ihr vor?« Meist nutzen sie diese Momente für Leibesvisitationen und suchen nach Waffen, Drogen oder vertraulichen Dokumenten. So etwas darf natürlich nicht passieren.

Der Sergeant at Arms ist für die Sicherheit und die Waffen im Club zuständig. Ich selbst hatte zu meiner Zeit als Vize-Präsident diesen Posten übernommen, da es in unserem Kasseler Charter damals niemand anderen gab, der dazu befähigt gewesen wäre. Mehrere Versuche mit anderen Membern führten wegen Untauglichkeit nur zu noch mehr Chaos.

Der Sergeant at Arms trägt die Verantwortung, dass das Charter ausreichend bewaffnet ist. Dazu zählt oftmals auch die Spezialausrüstung wie kugelsichere Westen, Stichschutzwesten, Nachtsichtgeräte; es kann sogar einmal Sprengstoff dabei sein. Es sollten mindestens zwei vollautomatische Waffen im Charter bereitstehen.

Im Bedarfsfall hat grundsätzlich der Sergeant at Arms dafür zu sorgen, dass innerhalb kürzester Zeit darüber hinaus benötigte Waffen vor Ort und nach Gebrauch genauso schnell wieder verschwunden sind. Er ist weiterhin für die Sicherheit im und ums Clubhaus verantwortlich. Dazu zählt unter anderem die Aufstellung von Ausspähposten während Veranstaltungen und die Installation von ausreichend Überwachungskameras. Ihm obliegt gegebenenfalls auch die Planung für Clubübernahmen und sonstige »unfreundliche« Aktionen. Zusammen mit dem Road-Captain muss er, sollte es zu solchen Aktionen kommen, die Anfahrtswege für diese Aktionen austüfteln und für ausreichend Fahrzeuge sorgen.

Das letzte Amt, das erwähnt werden muss, ist das des Secretary, der für den Schriftkram verantwortlich ist. Er muss bei Charter-Sitzungen das Protokoll führen, bei Partys Einladungen an die anderen Clubs versenden und die Einträge der Internetseite kontrollieren und ergänzen.

Neben den Amtsträgern im Club gibt es die normalen Member. Sie müssen an clubinternen Veranstaltungen und »unfreundlichen« Aktionen teilnehmen. Alle die, die ein Hells Angel werden wollen, müssen erst den Hangaround- und den folgenden Prospect-Status durchlaufen. Die Hierarchie ist klar geregelt. Mit Demokratie hat das Ganze allerdings nichts zu tun. Eigentlich konnte jeder stets selbst entscheiden, welche Position er innehaben wollte: War diese schon besetzt oder sein Konkurrent stärker, musste er sich eine andere Stelle auswählen oder Member bleiben.

Der Name »Hells Angels« und alle damit verbundenen Warenzeichen wie beispielsweise der »Dead-Head« sind markenrechtlich in den USA und vielen anderen Ländern, wozu auch Deutschland zählt, geschützt. Alle Artikel mit Clubsymbolen dürfen nur von Membern gekauft und getragen werden. Dazu zählt unter anderem auch die Kutte mit den jeweiligen Aufnähern und Abzeichen. Die Kutte ist das Heiligtum eines jeden deutschen Hells Angels; ohne sie wären die Brüder nicht das, was sie sind: selbstsicher und selbstverliebt.

Die Kutte erhält jeder, der von seinem eigenen Charter offiziell zum Member ernannt wird. Der Beschluss des jeweiligen Charters muss einstimmig sein; stimmt einer dagegen, ist eine Memberschaft ausgeschlossen. Wenn jemand zum Zeitpunkt seiner Member-Ernennung gerade im Gefängnis sitzt, obliegt es seinem eigenen Charter zu entscheiden, wann er die Kutte ausgehändigt bekommt. Hierzu steht in den World-Rules der Hells Angels geschrieben: »Wenn ein Prospect zum Member gewählt wird, während er im Knast ist, bekommt er seine Farben erst, wenn er Freigang oder seine Strafe abgesessen hat.«

Der Hintergrund für diese Regel ist, dass jeder, der im Knast sitzt, keine privaten Sachen – mit Ausnahme von Sportsachen – ausgehändigt bekommt. Die privaten Kleidungsstücke werden in der Kleiderkammer des Knasts gelagert. Damit die Kutte keinem Fremden in die Hände fällt und diese auch nicht gestohlen werden kann, bekommt er sie von seinen Brüdern erst nach seiner Entlassung ausgehändigt. Des Weiteren kommt es vor, dass bei Razzien, Hausdurchsuchungen oder Clubhausstürmungen seitens der Bullerei Kutten beschlagnahmt werden. In diesen Fällen sind die Eigentümer der Kutten dazu verpflichtet, umgehend auf deren Herausgabe zu klagen. Ich selbst habe auch schon auf Herausgabe klagen müssen.

Neben der Kutte dürfen auch alle anderen Sachen, welche die Aufschrift »Hells Angels« tragen, nicht an clubfremde Personen, Prospects oder Hangarounds weitergegeben werden. Dazu gehören beispielsweise die Visitenkarten, auf denen der Dead-Head oder der Clubname abgedruckt ist. Verstößt ein Member dagegen, wird er sofort suspendiert und muss ein Strafgeld zahlen. Sämtliche Hells-Angels-Artikel müssen registriert und von den Verkaufserlösen Prozente abgedrückt werden.

Damit diese Sachen auch weiterhin markenrechtlich geschützt werden können, müssen alle Member und Prospects jährlich die sogenannte Trademark an Amerika zahlen. In den World-Rules heißt es dazu: »Jeder Member auf der Welt zahlt zwanzig Dollar für die Erhaltung des Markenzeichens. Dieser Betrag wird zum 1. März jeden Jahres fällig. Wenn die Kosten dafür steigen, wird eine Nachforderung folgen. Bei Nichtzahlung wird der doppelte Betrag fällig.« Die Gelder gehen in den sogenannten Internationalen Trust – ein Konto, das von Amerikanern verwaltet wird. Darauf kommen auch die Anteile aus den Erlösen aus den verkauften Support-Sachen.

Der Club besitzt mehrere Konten, wobei sich in Europa das oberste Europa-Trust nennt. Aus diesem werden Veranstaltungen wie der Euro-Run oder die Europa-Meetings bezahlt. Zudem hat jedes Land, in dem es Hells-Angels-Charter gibt, einen Länder-Trust: Jeder Member und jeder Prospect zahlt hier jedes Jahr einmalig einen dreistelligen Betrag ein.

Die Gelder werden zentral verwaltet; in Deutschland macht das Hannover. Dafür ist ein langjähriger Member der Hells Angels zuständig, der nebenbei Sexclub-Betreiber ist. Von dem Geld, das er verwaltet, werden die Leute unterstützt, die durch den Club in Schwierigkeiten geraten sind. Wenn zum Beispiel Hinweise auf einen Überfall oder eine Schlägerei bei den Bullen landen, werden für die festgenommenen Brüder Anwälte und Gerichtskosten bezahlt. Zusätzlich bekommen sie Päckchen in den Knast geschickt. Im Jahr 2007 belief sich der Länder-Trust für Deutschland auf einen Millionenbetrag.

Die einzelnen Charter, wie soll es anders sein, führen ebenfalls eine eigene Kasse. In diese wird der Clubbeitrag einbezahlt, der sich je nach Charter auf ein- bis vierhundert Euro im Monat beläuft. Hieraus werden überwiegend die Clubhäuser und Clubveranstaltungen finanziert.

Nach dem Meeting fuhr ich zurück nach Kassel.

Mein Kopf war voll mit neuen Informationen: Regeln, an die wir uns jetzt unbedingt halten mussten. Zu Hause angekommen, drehte ich mir noch eine Zigarette. Danach schnappte ich mir den Harley-Schlüssel und fuhr los. Ich musste meinen Kopf wieder freibekommen. Der Sound der Maschine klang wie Musik in meinen Ohren. Ich spürte die Luft, sah die Umgebung mit ganz anderen Augen. Ich beobachtete, wie die Wolken langsam an mir vorbeizogen, wie sich die Sonne von gelb zu rot färbte und bald am Horizont verschwand. Das ist Freiheit.

Seitdem ich vierzehn Jahre alt war, liebte ich dieses Gefühl. Damals kurvte ich immer allein mit meinem Mopped durch die Gegend. Jetzt hatte ich meine Brüder. Ich freute mich auf gemeinsame Ausfahrten mit ihnen. Wir alle, jeder auf seiner Maschine, und das Leben vor uns. Für uns Hells Angels gab es keine Grenzen. Wir nahmen alles so, wie es kam. Jeder von uns glaubte an dasselbe, wir hatten ähnliche Jobs und ähnliche Gedanken. Kurz: Wenn es Probleme gab, gingen wir sie gemeinsam an: Einer für alle, alle für einen. Deswegen war ich stolz ein Hells Angel zu sein!

In den ersten Tagen und Wochen brachten wir unser Clubhaus auf Vordermann. Die World-Rules besagen, dass alle Charter eine »feste postalische Anschrift in Form eines Postfaches oder des Clubhauses« haben müssen. Unsere Anschrift lautete: Söhrestraße 10 in 34123 Kassel.

Wir machten unseren Rechner im Member-Raum flott, sicherten ihn gegen Hacker und erstellten ein

Free and easy

internes Adressbuch. Per E-Mail erhielten wir Termine für Veranstaltungen wie den Euro-Run oder den World-Run. Wichtige Informationen wurden als Polizeimeldungen getarnt und per Mail an uns geschickt. Damit konnten die Bullen nicht viel anfangen; für uns und unser Business waren sie jedoch von großer Bedeutung.

Drogendealer zum Beispiel mussten wissen, wann und wo Plantagen und Labore hochgenommen wurden, damit sie Lieferengpässe vermeiden und sich schnell einen neuen Lieferanten suchen konnten. Ende Juni 2005 kam zum Beispiel eine Mail aus den USA, in der es hieß: »Jetzt haben der Meth-Gebrauch und die Produktion im Land epidemische Ausmaße erreicht, so […] Sheriff […]. Das Rauschgift wird an einer Vielzahl von Plätzen, wie Autos bis hin zu Wohnungen und in Scheunen produziert. »Der größte Teil des Meths, das auch als Crystal bekannt ist, kam zu diesem Zeitpunkt aus Mexiko, von wo es in die USA transportiert wurde.

Eine andere alarmierende Mail erhielten wir im März 2006. Die Polizei hatte das Clubhaus eines Charters in Kanada durchsucht und dabei streng geheime Papiere sichergestellt. Daraufhin wurden achtzehn Brüder wegen einer Reihe von Straftaten, unter anderem Erpressung, Handel mit Kokain und Produktion von Meth, angeklagt. Keiner konnte in diesem Fall ausschließen, dass sich in den sichergestellten Unterlagen keine Daten von deutschen Membern befanden. Jeder, der mit dem durchsuchten Charter in der Vergangenheit Geschäfte gemacht hatte, musste jetzt selbst mit einer Polizeikontrolle rechnen. Ich saß damals oft an unserem Computer im Clubhaus und las die E-Mails. Ich wollte sichergehen, dass niemand aus unserem Charter betroffen war. Und falls dies doch passiert sein sollte, wollte ich genug Zeit haben, Beweise verschwinden zu lassen. Das war, wie ich erleichtert feststellte, aber nicht nötig.

Weg zum Member

Wir durften keinen Fehler machen. Die Amerikaner schauten genauestens auf uns alte Bones. Jeder im Club wusste, dass die Amerikaner den Zusammenschluss der Bones mit den Hells Angels in Deutschland ablehnten oder zumindest sehr argwöhnisch beobachteten. Denn niemand wurde so schnell und unkompliziert ein Hells Angel, wie das bei uns Bones der Fall war.

Der Club sucht sich seine Mitglieder genauestens aus. Jeder, der dem Club beitreten will, muss einen langen Weg gehen und dabei viel erdulden. Am Ende steht nicht einmal fest, dass man wirklich ein Member wird. Wir alten Bones hingegen hatten es einfach – viel zu einfach nach dem Geschmack der Amerikaner. Denn wir waren von heute auf morgen dem Club beigetreten und hatten sofort alle Rechte und Pflichten.

In der Öffentlichkeit versucht der Club auch heute noch, das Gerücht aufrechtzuerhalten, dass der offizielle Weg zum Hells Angel sehr schwer und steinig sei. So heißt es noch Anfang 2010 auf der Internetseite der Hells Angels Germany kryptisch auf die Frage, wie man Mitglied wird: »Wenn du diese Frage stellen musst, wirst du die Antwort vermutlich nicht verstehen …« Aus meiner heutigen Perspektive kann ich sagen, dass es gar nicht so schwierig ist. Die Grundvoraussetzungen für die Aufnahme sind ein gut gefülltes Konto und viel Zeit.

Während der acht Jahre, als ich Vize-Präsident des Kasseler Charters war, lungerten viele Möchtegern-Rocker auf unserem Clubgelände herum. Alle wollten sie Hells Angels werden. Mindestens vierzig von ihnen haben es versucht – und vierunddreißig haben es nicht geschafft. Sie passten aus verschiedenen Gründen nicht zu uns: Einer weigerte sich, auf Partys mitzukommen, der andere wollte keine Straftaten begehen, und wieder andere missachteten die Regeln. Nur wenige beugten sich dem Club, brachten sich ein und lebten zumindest teilweise die Ideologie der Hells Angels. Einer war Jupp.

Irgendwann fiel Jupp mir auf, weil er bei fast jeder öffentlichen Party in Kassel anwesend war. Meist hatte er seine Alte dabei, quatschte und soff mit den Membern. Später kam er auch unter der Woche mit seinem Bike bei uns vorbei. Er schlich auf dem Clubgelände herum. Irgendwie schien er immer genau zu wissen, was er machen musste. Ungefragt schnappte er sich einen Besen und begann, den Hof zu fegen; auch leerte er die Mülleimer und wischte die Bierbänke. Ich hatte schnell begriffen, dass er bei uns mitmachen will.

Jupp erzählte uns, dass er in einem kleinen Nest in der Nähe von Kassel wohnt: fünfhundert Einwohner, vierhundert Misthaufen. Nun ja, er sagte auch, dass er ursprünglich aus einem anderen Kaff käme und dort in einem winzigen Motorrad-Club gewesen sei. Jetzt wollte er in der ersten Liga mitmischen – bei den Hells Angels. Zu bieten hatte er dem Club nicht sehr viel. Seine Hauptbeschäftigung war es, Zigaretten aus Polen nach Deutschland zu schmuggeln und diese gewinnbringend zu verkaufen. Er prahlte gern mit seiner weißen Weste bei der Bullerei. Nur ein einziges Mal wurde gegen ihn ermittelt – als er seiner Nachbarin sexuell nachgestellt und Fotos von ihr verbreitet hatte. Sie hatte ihn damals angezeigt. Mit dieser Story wollte er unsere Aufmerksamkeit auf sich lenken.

Die meisten, die im Club aufgenommen werden wollen, denken sich eine coole Legende aus. Das müssen sie auch, denn nur so können sie das Interesse der Member wecken. »Normalos« sind im Club nämlich unerwünscht. Die Anwärter wissen meistens, dass kein Hells Angel je Nachforschungen anstellen wird, wenn sich alles glaubhaft anhört.

Um möglichst kräftig zu erscheinen, greifen viele Möchtegern-Rocker zu Anabolika. Doch davor kann ich nur warnen: Die Pillen lassen zwar die Muckis wachsen, aber gleichzeitig schrumpfen die Eier. Wichtig ist neben alldem das Outfit: Es muss furchteinflößend und abgenutzt aussehen. Schwarze Klamotten vom Label Pit Bull sind in der Szene sehr beliebt. Ich hatte den »Neuen« immer geraten, ihre Sachen erst einmal mit einer Handvoll Kieselsteine in Muttis Waschmaschine zu waschen. Dann sahen die Klamotten richtig abgenutzt aus und Mutti durfte sich eine neue Waschmaschine kaufen. Ob das jemand mal gemacht hat, weiß ich nicht.

Jupp brachte viele Voraussetzungen für die Aufnahme im Club mit: Er besaß ein Mopped, zwar nur eine Mädchen-Harley, also eine Sportster, und lungerte den halben Tag auf dem Clubgelände herum. Er kokste gern, und wenn ein Member Hilfe brauchte, bot er sich sofort an. Er mähte den Rasen, strich die Zäune, putzte die Fenster und trennte den Müll. Alles freiwillig natürlich. Nach einigen Monaten gehörte er schon fast zum Inventar des Außenbereichs. Er hing fast Tag und Nacht bei uns ab, machte alles, was wir wollten. Deshalb ernannten wir ihn zum offiziellen Hangaround. Er hatte es sich verdient.

Für Jupp begann nun eine lange Zeit des Wartens und der Ungewissheit, denn er musste uns beweisen, dass wir ihn ohne Bedenken zum Prospect ernennen können. Normalerweise dauert diese Phase zwischen einem und zwei Jahren. Bei Jupp fiel uns die Entscheidung nicht allzu schwer. Hätten wir Zeugnisse verteilen müssen, hätte Jupp im Schleimen eine Eins und im Protzen eine Zwei bekommen. Aber das Wichtigste für uns war, dass er sich für keinerlei Frondienste zu schade war.

Irgendwann kam endlich Jupps erster großer Tag. Bei einem unserer wöchentlichen Meetings in Kassel beschlossen wir einstimmig, ihn zum Prospect zu ernennen – auf einem unserer Clubabende. Wir hatten genügend Alkohol und Drogen besorgt und saßen alle mit unseren Kutten am Tisch. Dann kam Jupp rein. Wir erklärten ihm, dass er fortan ein Prospect in unserem Charter sei, überreichten ihm feierlich sein neues

Jäckchen. Hinten stand »MC« plus »Kassel« drauf, vorn ein Aufnäher mit der Aufschrift »Prospect«. Er freute sich riesig und die anschließende Party ging auf seine Kosten, inklusive Alkohol, Koks und Mädchen.

Das böse Erwachen kam für Jupp erst ein paar Tage später, denn die Ernennung zum Prospect ist nicht gratis. Als Erstes musste er für seine Kutte zahlen, anschließend wurde der erste Beitrag für die Clubkasse fällig. Jeder Prospect und jeder Member musste in Kassel pro Monat mehrere Hundert Euro abdrücken, je nach Bedarf. Wenn größere Anschaffungen anstanden, wurde der Beitrag erhöht. Das Geld wurde meistens für Charter-Partys oder Anschaffungen im Clubhaus genutzt. Neben den Zahlungen für das eigene Charter musste Jupp auch die Aufnahmegebühr entrichten, die sich damals auf ein paar Hundert Euro belief. Nicht zu vergessen war die Germany-Kasse für Anwalts- und Gerichtskosten, in die jeder Member und jeder Prospect jährlich einzahlen musste. In vielen Chartern mussten die neuen Prospects für Immobilienkredite bürgen oder noch nicht abgezahlte Kredite komplett übernehmen. Jupp hatte also seinerzeit richtig Glück, denn wir hatten gerade keinen Kredit am Laufen.

Fassen wir die Situation eines jeden Prospects an dieser Stelle kurz zusammen: Er hat vermutlich viele böse Tattoos, ausgewaschene Klamotten, kleine Eier, große Muckis und die eigene Familie lädt ihn nicht mehr zu Weihnachten ein, weil er sowieso keine Geschenke mitbringen kann. Sein Konto ist nämlich leer, und der Dispo bis zum Ende ausgereizt. Doch drei Dinge hat er noch: den Traum, ein Hells Angel zu werden, die Aussicht auf einen längeren kostenfreien Knastaufenthalt und lebenslange Schulden.

Jupp steckte zu dieser Zeit schon richtig tief im Sumpf. Ein Rückzieher war für ihn eigentlich gar nicht mehr möglich. Er musste jetzt ein weiteres Jahr warten, bis er zum Member ernannt werden konnte. Seine Aufgaben und Frondienste als Prospect verlagerten sich vom Außenbereich des Clubhauses in den Innenbereich. Er durfte jetzt sogar die heiligen Hallen des Member-Raums betreten – natürlich nur zum Putzen und Bedienen.

Sein Aufgabenfeld wurde unwesentlich vergrößert: Jupp war nun auch für die Klos zuständig, musste das Geschirr spülen und die Räume sauber halten. Bei Partys bediente er die Gäste und bewachte mit anderen Prospects zusammen den Parkplatz. Er stand sämtlichen Membern vierundzwanzig Stunden täglich als Diener, Taxifahrer, Umzugsspezialist, Schornsteinfeger, Maler und Tapezierer zur Verfügung. Während des Jahrs als Anwärter musste er außerdem jedes deutsche Charter mindestens einmal besuchen und sich dort vorstellen.

In Amerika ist die Zeit des Prospect-Daseins wesentlich schärfer geregelt. Dort muss jeder Prospect bei einem Member zu Hause wohnen. Das hat den großen Vorteil, dass sich die beiden sehr gut kennenlernen. Der Member kann den Prospect anschließend genau einschätzen und beurteilen, ob dieser in den Club passt oder nicht. Aber auch in den USA sind die Prospects für das Wohl ihrer Vorbilder zuständig. Sie sind die

X-mas-Party in Essen – nur für harte Jungs

Chauffeure, wenn es zu Partys geht. Dort angekommen, werden sie an das besuchte Charter ausgeliehen und sind für Küche, Drogen, Feuertonnen und Wache zuständig – und das an jedem Wochenende. Spätestens zu diesem Zeitpunkt überlegt man sich, mit dem Koksen oder Speeden anzufangen, was wiederum die eigenen Ausgaben enorm in die Höhe treibt. Manche denken jetzt darüber nach, die eigene Oma um die Ecke zu bringen, um die Erbschaft zu beschleunigen …

Member zu werden kann manchmal lange dauern. Einmal gab es einen Prospect im Charter New York, der elf Jahre lang auf dieser Stufe verharren musste, bevor er zum Member wurde. Schon ein Jahr später flog er aus dem Club.

Jupp wurde ziemlich genau nach eineinhalb Jahren von uns zum Member ernannt. Die Entscheidung, die einstimmig von allen Membern unseres Charters abgesegnet werden musste, fiel auf einem unserer Wochen-Meetings. Im Kasseler Charter hatte ich für die offizielle Ernennung zum Hells Angel ein besonderes Ritual, durch das fast jeder durchmusste – der eine freiwillig, der andere mit sanftem Druck.

Für Jupps Ernennung hatte ich Rosi engagiert. Rosi war ein echtes Vollweib, damals fünfunddreißig Jahre alt, ein Meter sechzig groß, hundert Kilo schwer, stets willig und völlig hemmungslos. Ich kannte sie aus meinem Puff, wo sie lange für mich gearbeitet hatte. Rosi war ein wirklich liebenswertes Mädchen.

Am frühen Abend, als die Party im Clubhaus langsam in Gang kam, holte ich Rosi aus dem Puff ab. Die Gäste im Clubhaus amüsierten sich prächtig; es wurde gesoffen, gekokst und gefeiert. Die Party wurde von Minute zu Minute lustiger. Gegen Mitternacht trommelte ich alle Brüder zusammen. Wir gingen in den Member-Raum, während Frauen und Gäste draußen bleiben mussten. Der Member-Raum war brechend voll, mit Ausnahme des Ledersofas in der Mitte. Alle hatten etwas zu trinken und zu rauchen; viele hatten ein Röhrchen in der Nase. Ich sagte Jupp, dass alles, was jetzt geschehen würde, allein für ihn arrangiert sei. Alle anderen hätten das schon hinter sich, ein Rückzieher wäre völlig indiskutabel.

Ich rief Rosi. In Strapsen, Stöckelschuhen und mit Peitsche in der Hand lief sie durchs Clubhaus, direkt zum Member-Raum. Jupp war sichtlich nervös, als die Tür aufging. Alle grölten. Ich erklärte ihm, dass er – wenn er wirklich Member werden wolle – uns jetzt beweisen müsse, was er drauf hat: Er müsse vor seinen zukünftigen Brüdern zeigen, wie er ficken kann. Alle feierten vor Freude über sein ungläubiges Gesicht. Jupp hatte keine Chance. Rosi schnappte ihn sich und schob ihm die Zunge in den Mund, kraulte dabei seine kleinen Eier. Erst zierte er sich wie ein Aal, dann ließ er sich bereitwillig ausziehen.

Was für ein Anblick: ein weißer, fleischiger Typ mit rotrasiertem Sack, Piercings in den Nippeln und schlaffem Schwanz. Rosi drängte ihn aufs Sofa, spielte an seinen Titten, stülpte ihren Mund über seine Flöte. Sie gab sich sehr viel Mühe, schob und lutschte. Sie steckte ihm sogar den Finger in den Arsch. Endlich kam auch Jupp in Schwung. Er legte Rosi nach hinten, vergrub seinen Mund zwischen ihren Beinen und sabberte wild an ihr rum. Es gab wirklich alles. Irgendwer streute Rosi noch etwas Koks auf die Muschi, was Jupp noch mehr in Fahrt brachte. Es dauerte nicht lange, bis er kam. Zu unserer aller Überraschung fing er jetzt völlig enthemmt an, ihr die Muschi auszulecken. Sein Gesicht war verschmiert, als er aus der Unterwelt wieder auftauchte.

Nun fingen auch andere an, an der armen Rosi herumzudoktern. Sie musste noch den einen oder anderen Schwanz lutschen. Nach einer Dreiviertelstunde war der Spuk zu Ende, und wir gesellten uns wieder fröhlich unter das Partyvolk. Jupp lief zu seiner Freundin, küsste sie auf den Mund, als wäre nichts gewesen. Der Rest der Party ging auf seine Rechnung: Mädchen, Catering, Dope und Feuerwerk.

Ein Jahr lang war Jupp nun Member auf Probe. Das bedeutete, dass er noch immer nicht an Club-Meetings teilnehmen und keine Posten im Club begleiten durfte. Er musste also noch einmal zwölf Monate warten. Aber auch das hatte er irgendwann überstanden – mit ein bisschen Schleimen hier und ein wenig Geldabdrücken dort. Erst dann wurde Jupp ein richtiger Hells Angel.

Fortan musste er nur noch seine Aufgaben im Club erfüllen: die Beiträge fristgerecht bezahlen, an Partys teilnehmen und die Regeln beachten. Der Spruch »ACAB – All Cops Are Bastards« stand dabei immer an erster Stelle. Aber es war wirklich nicht besonders schwer, das zu verinnerlichen, denn die Bullen sorgten selbst für ausreichend Hass und Missachtung.

Fast alle Hells Angels – Jupp zählte nicht dazu – fielen mit ihrem Aussehen und ihren Bikes schnell auf, so dass ihnen jede Polizeikontrolle gehörte. Wurde einer von uns angehalten, musste er den Adler machen, sich fotografieren und filmen lassen. Wenn die Bullen bei ihm etwas Verbotenes fanden, gab es eine silberne Acht um die Arme – und er wanderte in den Knast. Und der Hass gegen die Bullen wurde immer größer. Jupp hielt sich immer aus allem raus.

Viele deutsche Hells Angels versuchten, auf Abzeichen hinzuarbeiten. Sie wollten, dass jeder an ihrer Kutte ablesen kann, was sie für tolle Hechte sind. Ein

Beispiel für diese Aufnäher ist das Dequiallo-Abzeichen. Dieses bekommt jeder Hells Angel, der sich mit einem Polizisten geprügelt hat. Nur Boxen, Stechen und Schießen wird akzeptiert. In unserem Kasseler Charter trug es nur einer an seiner Kutte: Spitzki, ein früherer Bones. Aber er trug es zu Unrecht: Auf einer Dorf-Kirmes spuckte er nach einem Bullen. Den Germany-Präsidenten erzählte er später jedoch, dass er sich mit einem Bullen geprügelt hätte, und erschlich sich somit das Dequiallo-Abzeichen.

Jedes Jahr werden Mordaufträge auch an deutsche Mitglieder weitergegeben. Nur wenige langjährige Member, die sich damit wirklich gut auskennen, führen solche Aufträge aus. Nach erfolgreicher Erledigung bekommen sie das Abzeichen »Filthy Few«. Dieses kann sich jeder Hells Angel an die Kutte heften, der schon mindestens einen Mord begangen hat. Die, die das Abzeichen öffentlich tragen, sollten sich absolut sicher sein, dass ihre Tat nicht aufgedeckt wird, oder sie haben ihre Strafe bereits abgesessen.

Was sehr wichtig ist: Bevor ein Hells Angel eine Straftat begeht, muss er seine Eigentumsverhältnisse geklärt haben. In Übersee beispielsweise haben viele Member ihre privaten Wertsachen wie Häuser, Moppeds, Schmuck und Firmen ihrem Charter überschrieben. Dies wurde notwendig, weil der Staat nach einer Straftat immer häufiger das Eigentum, die Wertsachen und die Gelder des festgenommenen Members beschlagnahmte, da diese vermutlich aus illegalen Geschäften stammten. So gingen in Amerika damals neben Clubhäusern auch Fabriken, Schiffe, Flugzeuge und sogar ein Einkaufszentrum in den Besitz des Staates über. Heute gehört fast der ganze Besitz vieler nordamerikanischer Hells Angels ihrem Charter. Diese Regelung sollte 2005 auch in Deutschland eingeführt werden, doch unsere Anwälte stoppten die Überschreibungen, da sie mit dem deutschen Recht nicht zu vereinbaren waren.

Meetings mit Hindernissen

Ich musste nicht so einen langen Weg wie Jupp gehen. Keiner von uns alten Bones musste das. Der Einzige, der bis heute nicht in den Club der Hells Angels aufgenommen wurde, ist der Schoko-Schorsch – so nannte er sich selbst. Ich bin wirklich kein Rassist, doch die Regeln besagen ganz eindeutig: »No Niggers in the Club«. Die Regeln stammen noch aus der Zeit der Gründung der Hells Angels. Sie sind Gesetz für jeden, der im Club aktiv ist.

Bei den Bones gab es diese Regel nicht. Einige Bones waren schwarz, Besatzungskinder: Mutter weiß, Vater schwarz. Dazu zählte auch Schoko-Schorsch. Er war lange Zeit in Frankfurt aktiv und wollte auch von den Bones zu den Hells Angels wechseln. Doch das ging nicht, denn er war schwarz. Damals war er Anfang vierzig und führte eine Diskothek. Fast jeden Monat bis zu meinem Rauswurf wurde diskutiert, ob er ein Prospect werden könne.

Ein Präsident aus Norddeutschland war sein stärkster Unterstützer. Er schleppte Schoko-Schorsch zu Partys mit, auch zum German-Run. Dort trafen sich alle Member und Prospects aus Deutschland. Zu Beginn jeder Party wurde ein Foto für das »Familienalbum« gemacht. Als ich zu der Party kam, sah ich alle dastehen. Ich wollte nicht mit auf das Foto, lehnte mich an das Geländer und filzte die Gesichter: Reihe für Reihe von oben nach unten. In der ersten Reihe sah ich einen Farbigen: Schoko-Schorsch. Mir fiel die Kinnlade runter. Doch bevor ich etwas sagen konnte, war das Foto schon im Kasten. Es würde mich wundern, wenn es in irgendeinem Album kleben oder in irgendeinem Clubhaus hängen sollte.

Bei fast jeder Präsidenten-Sitzung gab es einen Tagesordnungspunkt, der sich mit Schoko-Schorsch beschäftigte. Es wurde diskutiert, ob wir ihn aufnehmen sollten. Jedes Mal wurde abgestimmt, und immer war mindestens einer dagegen – ich. Alle machten sich für Schoko-Schorsch stark, denn sie profitierten von ihm, da einige interessante Geschäfte an ihm hingen. 2001 sollte Schoko-Schorsch deshalb den Amerikanern vorgestellt werden, damit sie begutachteten, ob er wirklich ein Schwarzer sei. Ich musste kein Amerikaner sein, um das zu erkennen. Ein paar Deutsche sollten mit ihm nach Amerika fliegen, damit der nicht gleich auf dem Barbecue-Grill landet – insgesamt dreißig Hells Angels, alles alte Bones. Von den alten Hells Angels wollte keiner mit. Die wollten sich die Show ebenso wenig geben wie ich.

Der Abflugtag rückte immer näher, alles war bezahlt, alles gebucht. Genau einen Tag vor Abflug zog Schoko-Schorsch seinen Schwanz ein: Er traute sich nicht mehr in die Höhle des Löwen. Das war gut so, vor allem für ihn.

Damit war die Geschichte von Schoko-Schorsch endlich vom Tisch, so dachte ich damals. Aber nein: In penetranter Regelmäßigkeit verfolgte es mich bei fast jedem Meeting. Eigentlich werden diese Meetings einberufen, um wichtige und geheime Sachen zu besprechen. Stattdessen beschäftigten wir uns zu oft unnötigerweise mit dem Thema Schoko-Schorsch.

Die German-Officers-Meetings fanden früher einmal im Monat statt; später wurden sie nur noch alle zwei Monate einberufen. Oberste Priorität war die Geheimhaltung, denn die Bullen durften nicht wissen, wann und wo wir uns trafen, damit sie uns nicht abhören konnten. Das klappte zu meiner Zeit leider sehr selten. Denn um so ein Meeting zu planen und durchzuführen, bedarf es etwas Organisationswillens und großer Verschwiegenheit. Doch dazu waren wir Großstadtprinzen und Provinzfürsten überhaupt nicht in der Lage. Obwohl es nicht sehr schwer war, rund sechzig böse, breite und grimmig schauende Präsidenten und Vize-Präsidenten an einem beliebig wählbaren Ort im Lande für drei bis vier Stunden zu versammeln, ohne dass die Bullerei schon Wochen zuvor Bescheid wusste.

Unmöglich schien es auch, von einer clubfremden Person wie Opa, Tante, Cousin oder Nachbars Rottweiler einen Raum in einer Kneipe anmieten zu lassen und dazu auch noch ein vernünftiges Catering zu bestellen. Jeder Gaststättenbesitzer hätte sich über solch eine Buchung gefreut, zumal Geld bei uns nie eine Rolle spielte. Unsere Rechnungen haben wir immer gezahlt, und reichlich Trinkgeld gab es auch.

Die nächste unüberwindbare Hürde für viele Präsidenten und Vize-Präsidenten war, sich Termin und Örtlichkeit für das Meeting zu merken. Deshalb schrieben sie es sich auf, steckten den Notizzettel ein. Dieser wurde dann natürlich prompt bei der nächsten Kontrolle von den Bullen gefunden.

Hinzu kamen die speziellen Schwierigkeiten einiger Officers, zum Beispiel von Dirty Daddy, einem kleinen, stets sonnenbebrillten und pillendealenden Freier aus dem Norden der Republik. Als Thailandliebhaber war er ein Freund äußerst junger Mädchen, bei denen der natürliche Haarwuchs noch gar nicht begonnen hatte. Er machte immer auf dicke Hose und brachte es tatsächlich fertig, ein Meeting in einem Kongresszentrum auszurichten, in dem an einem Wochenende zeitgleich eine große Biker-Show stattfand und eine Etage über uns die Kripo zusammen mit einem SEK tagte.

Wie lief so ein Meeting ab? Das ausrichtende Charter organisierte die Anfahrt aller Teilnehmer zum Treffpunkt und sorgte für das leibliche Wohl. Während des Meetings hatte es den Tagesvorsitz inne. Dessen Sergeant at Arms war außerdem für die Worterteilung verantwortlich. Es herrschte Anwesenheitspflicht: Das Nichterscheinen eines Präsidenten oder Vize-Präsidenten kostete zweieinhalbtausend Euro, Zuspätkommen wurde je nach Absprache mit fünfhundert bis tausend Euro zugunsten der Clubkasse bestraft.

Vor Beginn des Meetings sammelte der Sergeant at Arms alle Handys ein, damit die Bullen uns nicht abhören konnten. Bei Razzien und Hausdurchsuchungen

Hells Angels on tour

hatten diese Schmiermichel einigen von uns klang-
heimlich eine spezielle Software auf die beschlagnahm-
ten Handys gespielt. Das kam raus, nachdem ein aus-
wärtiger Kripo-Beamter, ein Spezi von einem unserer
Member, diesen eindringlich gewarnt hatte, beschlagnahmte Handys wieder zu nutzen. Der Bruder und der
Bulle waren gut befreundet, da dieser ihm Anfragen zu
Personendaten sowie Motorrad- und Autokennzeichen
beantwortete. Bei einer Party sah ich einmal, wie die
beiden zusammensaßen und ein Beutel Koks über den
Tisch wanderte.

Auf alle Fälle war uns klar, dass die Bullen uns jederzeit abhören konnten, selbst wenn das Gerät ausgeschaltet war. Es gab nur zwei Möglichkeiten: ent-

weder Akku raus oder Handy abgeben. Da es aber selten klappte, dass alle die Akkus rausnahmen, wurden die Telefone eingesammelt. Klingelte ein Handy während der Sitzung, kostete das fünfhundert Euro Strafe. Nach dem Meeting durfte sich dann jeder sein Handy aus einem großen Karton raussuchen – sehr haarsträubende Szenen, zumal viele das gleiche Gerät besaßen. Klar, dass es schnell mal zu größeren Streitereien kam.

Wichtige Unterlagen wurden während der Sitzung mit den Namen der Vertreter der einzelnen Charter versehen und an diese ausgehändigt. Nach dem Meeting wurden sie wieder eingesammelt. Als wir diese Papiere noch nicht namentlich aushändigten, kam es oft vor, dass sie einfach verschwanden und von den Bullen bei der nächsten Razzia im Clubhaus oder beim Präsidenten oder Vize-Präsidenten zu Hause sichergestellt wurden.

Meist verknüpften wir diese Sitzungen mit Partys. Das lief so ab, dass sich die Officers zur Tagung trafen und die Member im Clubhaus der gleichen Stadt feierten. Nach den Meetings stießen wir zur Party hinzu.

So auch am 3. Februar 2005: Wir Kasseler wurden, wie alle Charter, zur Fünfzehnjahresfeier der Hells Angels nach Berlin eingeladen. Für diesen Tag wurde parallel ein Präsidenten-Meeting angesetzt. Während die Member im Clubhaus feierten, trafen wir uns in einem Berliner Hotel. Wie immer wurden Neuigkeiten und Änderungen besprochen. Das Meeting dauerte etwa drei bis vier Stunden, danach wurden wir von einem gecharterten Bus am Hotel abgeholt und sollten zur Party nach Berlin-Reinickendorf gefahren werden. Wie nicht anders zu erwarten war, flogen wir auf: Während der Fahrt hielt der Bus unerwartet an, SEK-Bullen stürmten hinein, darunter auch eine Polizeibeamtin mit blonden Haaren. Die wollten wissen, was wir dabei hatten: Waffen, Drogen, geheime Daten.

Ich saß am hinteren Ausgang. Die Polizistin kam direkt auf mich zu, baute sich neben mir auf, schaute mich an, hob ihren rechten Zeigefinger und zeigte auf meine Kutte. »Was hast'n da«, fragte sie grinsend. Als ich herunterschaute, schnippte sie mir gegen die Nase. Ich sprang auf und ballte meine Hand zur Faust. Was sollte das denn? Ich war kurz davor, ihr aufs Maul zu hauen. Doch ich setzte mich wieder, lehnte mich zurück und grinste sie an. So etwas hatte ich noch nie erlebt. Ob ihr bewusst war, dass ich ihr, ohne zu zögern, die Birne weghauen konnte? Sie war cool und tough.

Unser Bus wurde sichergestellt, und wir fuhren zur Gefangenensammelstelle. Nach einer Viertelstunde hielten wir vor dem dunkelgrünen Stahltor. Darin befand sich ein Käfig, der so groß war, dass der Bus genau reinpasste. Die Bullen umstellten uns. Wir mussten aussteigen und den Adler machen. Sie tasteten uns von oben bis unten ab. Wir mussten unsere Taschen leeren, die Schuhe ausziehen. Unsere Ausweise wurden kopiert. Sie machten Fotos und Filmaufnahmen von uns, unseren Tattoos und von den Kutten samt Abzeichen – das volle Programm eben. Nach einer Stunde war die Schikane beendet. Die Polizei hatte nichts gefunden.

Wir konnten wieder einsteigen und wurden von der Polizei zum Clubhaus eskortiert. Die Party war voll im Gange, als unser Bus direkt vor der Tür stoppte. Die Bullen standen Spalier. Wir liefen zwischen ihnen hindurch ins Haus – unter dem grölenden Gelächter aller Member. Ihre Präsidenten kamen unter Polizeischutz. Was für eine Party!

Etwas Ähnliches passierte mir in Dänemark. Wenn dort eine Party stieg, war der Clubeingang oft hell erleuchtet. Die Bullen hatten Lichtgiraffen aufgebaut, um alles genauestens beobachten zu können. Jeder Hells Angel, der hinein wollte, wurde gefilzt: Der Körper wurde abgetastet, die Taschen wurden durchsucht. Ich wusste das, denn es war nicht meine erste Party in Dänemark. Deshalb hatte ich eigentlich am Tag zuvor meine Taschen geleert und alles Verbotene rausgenommen. Vor mir in der Reihe stand ein holländischer Bruder, der ein zwei Zentimeter großes Anhängermesserchen am Schlüsselbund hängen hatte. Der Bulle fand es und forderte fünftausend Euro Strafe – für ein Messerchen. Mein Bruder zahlte. Die Strafen wurden wahllos von den Beamten festgesetzt: Je nachdem, wie viel Gold der Member umhängen hatte, ging der Preis nach oben.

Dann war ich an der Reihe. Ich lehnte mich an die Wand, schob meine Beine auseinander und wartete. Ich war siegessicher, denn ich hatte ja nichts dabei. Ein Polizist kramte in meinen Taschen und untersuchte meine Schuhe. Sein Job war echt hart. Dann klopfte er mir auf die Schulter, sagte, dass ich mich umdrehen sollte. Er zeigte mir seine Hand. Darin lagen drei winzige

Ich auf der Harley

Stückchen Hasch und eine Patrone. »Das ist in Dänemark verboten«, sagte er. Ich schaute erst das Zeug
an, dann ihn. »Ja, in Deutschland auch«, antwortete
ich. Er grinste und forderte siebenhundertfünfzig Euro
Cash. Wenn man nicht zahlte, kam man sofort in den
Knast und saß dort seine Strafe ab. Die Bullen wussten
ganz genau, dass ein Hells Angel niemals einen Bruder
in den Knast gehen lassen würde. Es würde gesammelt
getreu dem Motto: Einer für alle, alle für einen.

In Deutschland galt dieser Grundsatz nur noch selten. Weil einige nicht für den Kodex »Einer für alle,
alle für einen« einstanden, wurde im Jahr 2001 die
Kommission ins Leben gerufen. Sie bestand aus sechs
bis acht Membern. Das eigentliche Ziel der Kommission sollte es sein, Schlägereien auf Clubpartys und

generelle Streitigkeiten zwischen den Membern zu unterbinden. Jeder, der gegen das friedliche Miteinander im Club verstoßen hatte, musste bei der Kommission vorsprechen. Wer die Sache angezettelt oder für Missstimmung gesorgt hatte, wurde bestraft. Im Laufe der Jahre wurde die Kommission allerdings für unterschiedlichste Sachen missbraucht. Sie stimmte plötzlich ab, wer welches Geld bekommen und ob einem Member bei einem Prozess der Anwalt aus dem Länder-Trust bezahlt werden sollte. Ich hielt das für schwachsinnig.

2005 stand das Thema Schoko-Schorsch mal wieder auf der Tagesordnung – mit einer neuen Geschichte: Schoko-Schorsch war nach Norddeutschland gezogen. Da er in Frankfurt kein Prospect werden durfte, wollte er es so noch einmal probieren. Sogar Ahnenforschung hatten sie jetzt betrieben. Im Zuge ihrer Recherchen fanden sie heraus, dass Schoko-Schorsch gar kein Schwarzer war, sondern mexikanische Wurzeln hatte. Jeden Monat hörten wir dafür neue Begründungen: Schoko-Schorsch sei ein Mexikaner mit einer deutschen Mutter, nur seine Großmutter stammte aus Mexiko. Sogar ein Ahnengutachten war angefertigt worden, mit Bildern der Familie.

Eines Tages behauptete sein präsidialer Fürsprecher in einer Mail an alle deutschen Charter sogar, dass die Amerikaner Schoko-Schorsch akzeptiert hätten. Folgende Mail ging an alle deutschen Charter: »Hallo Brüder, das Charter […] will sich bei euch für die tolle Unterstützung in Sachen [Schorsch] bedanken! Das

Gespräch mit den Amis ist sehr gut verlaufen: Amerika stimmt 100 Prozent mit Germany überein, das mit [Schorsch] alles in Ordnung ist! Das ist echt super, Brüder! Dies ist ein toller Erfolg für Germany, den wir auch gebührend feiern möchten: Am Montag, den 6. März, ab 18 Uhr, findet eine Party für [Schorsch] statt, zu der Ihr alle herzlich eingeladen seit. Von unseren Brüdern aus Übersee werden auch einige anwesend sein …«

Fünf Tage später, am Montag, den 6. März, gegen Mittag, kam diese Mail: »Hi Bro's wir nehmen nochmals Bezug auf das positive Meeting am Mittwoch ([Schorsch]). Auch wenn die Meinung positiv ausfiel und auch durch Zuspruch unserer amerikanischen Brüder D. […] und R. […] unterstützt wurde, so ist die endgültige Entscheidung unserer amerikanischen Brüder noch abzuwarten!«

Schon sechseinhalb Stunden nach der letzten Mail fanden wir eine Antwort aus Amerika im Postfach, in der es unter anderem hieß: »Zu keiner Zeit haben die Repräsentanten der USA gesagt, dass sie zu 100 Prozent hinter dem ganzen stehen, wie es in der Mail vom HAMC […] übermittelt wurde. Die Vereinigten Staaten können das respektlose Verhalten des HAMC […], eine Mail mit falschen Fakten zu senden, nicht gutheißen. Warum wurde diese Mail nur an die deutschen Charter und nicht an alle weltweit geschickt? Wir hoffen, dass der Prospect noch nicht zum Member ernannt wurde.« Das war eindeutig – doch nicht für den präsidialen Fürsprecher.

2006 wollte er den Schoko-Schorsch beim Europa-Meeting in England vorstellen. Er selbst sprach kaum ein Wort Englisch und hatte deshalb einen Dolmetscher engagiert. Außerdem gab es für die Brüder eine Mappe mit Lebenslauf und Stammbaum von Schoko-Schorsch. Noch rechtzeitig am Tag des Meetings wurde er gestoppt und so richtig zur Sau gemacht: Was er sich einfallen lassen würde, eine solche Nummer zu starten und dann auch noch mit einem Dolmetscher? Diese Meetings durften nur von den sogenannten Representern – speziell ausgewählten Membern, die ihr Land bei den Euro-Meeting vertreten – besucht werden. Kein normaler Member hatte Zutritt – und schon gar kein Dolmetscher. Bis zum heutigen Tag ist Schoko-Schorsch Hangaround.

Bei einem späteren Treffen in Hamburg legte Schorschs Fürsprecher den Amerikanern einen Brief vor. In diesem erklärte er minutiös, wie deutsch Schoko-Schorsch war, wie dessen Rocker-Laufbahn verlaufen war, und zählte andere Gründe auf, ihm »ein weiteres Leben bei uns zu ermöglichen«. Spätestens jetzt war allen klar: Der Bruder hatte die Mentalität des Clubs einfach nicht verstanden – und das als Charter-Präsident!

Einen ähnlichen Fall gab es einmal in England. Ein dortiges Charter hatte vor einigen Jahren einen Schwarzen, der Hangaround war, und wollte ihn zum Prospect ernennen. Sie hatten eine Mail an Amerika verfasst, in der sie fragten, ob es möglich sei, ihn zum Prospect zu machen – und gegebenenfalls die World-

Rules zu ändern. Nach kürzester Zeit kam die wut-schnaubende Antwort. Mehr als drei Monate andau-ernde Beschimpfungen zwischen Amerika und England waren die Folge. Unser Clubhaus-Computer glühte: Ständig erreichten uns neue E-Mails. Weltweit kotzen sich Hells Angels darüber aus. Über solche eigensinni-gen Aktionen der Europäer muss immer wieder auch bei den World-Meetings diskutiert werden.

Die World-Meetings finden einmal im Jahr statt. Mindestens ein Vertreter jedes Landes muss dort an-wesend sein. Im Normalfall nehmen zwei Repräsentan-ten daran teil. »Die Strafe für ein Fernbleiben beträgt zweitausend Dollar«, heißt es dazu in den World-Rules. Gegen die Geldstrafe kann Widerspruch eingelegt wer-den, und wenn dieser erfolgreich ist, kann die Strafe aufgehoben werden. Falls ein Member aus Interesse an einem World-Meeting teilnehmen will, muss er einen förmlichen Antrag stellen, der von den Amerikanern abgesegnet wird.

Auf den World-Meetings werden Entscheidungen getroffen, die international relevant sind. Dazu gehören beispielsweise größere Deals, Clubentlassungen oder auch die Vorgehensweisen gegen verfeindete Clubs. Die Entscheidungen werden nach dem Verfahren »Ein Mann – eine Stimme« getroffen. Dazu steht in den World-Rules: »Um eine Entscheidung zu treffen, wird eine Zweidrittelmehrheit benötigt.«

Parallel zu den World-Meetings findet immer der World-Run statt. 2009 war dieser in Rio de Janeiro in Brasilien, 2008 in Kapstadt in Südafrika, 2007 in

Lissabon in Portugal und 2006 in Cody Wyoming in den USA. Bei diesem Treffen muss mindestens ein besonders ausgewählter Vertreter aus jedem Land, ein sogenannter Representer, anwesend sein. Ist dies nicht der Fall, wird eine Strafe von fünftausend Euro an das veranstaltende Land fällig. Die einzigen Entschuldigungen, die beim World-Run oder Euro-Run für das Fernbleiben geduldet werden, sind: Alle Member des fehlenden Charters sitzen im Knast oder befinden sich aktuell mit einem verfeindeten Club im Krieg und sind somit unabkömmlich.

Der Club und seine Freunde

In meiner Zeit als Hells Angel reiste ich viel in der Welt umher. Ich besuchte jedes deutsche Charter und knüpfte viele Kontakte. Auch im Ausland war ich oft unterwegs. Dort traf ich auf starke Persönlichkeiten, die mir jede Menge über den Club erzählten und dessen Ideologie erklärten. Vor etwa zwanzig bis fünfundzwanzig Jahren begann der Club, sich stark zu verändern. Die Brüder hatten erkannt, welche Möglichkeiten sich weltweit boten, um viel Geld zu verdienen. Viele versuchten, sich Macht und Einfluss auf alle Bereiche der Gesellschaft zu erkämpfen – und das um jeden Preis. Statt um Motorradfahren und Partymachen ging es nun ums große Geld.

In Deutschland, wie in allen anderen Ländern auch, setzen sich Hells Angels aus den einzelnen Chartern und den Nomads, den Nomaden, zusammen. Früher verfügten die Nomads über kein eigenes Clubhaus. Sie reisten durchs Land und kamen in den Clubhäusern der einzelnen Hells-Angels-Charter unter. Das aber hat sich im Laufe der Zeit geändert: Inzwischen besitzen fast alle Nomads ein eigenes Clubhaus. Die deutschen Nomads ließen sich vor einigen Jahren in Berlin nieder.

Auch die holländischen Nomads hatten mal ein eigenes Haus. Es wurde geschlossen, nachdem mindestens einer von ihnen im Februar 2004 drei seiner Hells-Angels-Brüder erschossen hatte. Der Grund für die Streitigkeiten war ein millionenschwerer Kokain-Deal, den die Nomads in den Augen ihrer Brüder versaut hatten. Aus Erzählungen weiß ich, dass sie die Brüder damals gegen die Wand im Clubhaus stellten und dann mit unzähligen Kugeln erschossen. Um die Spuren zu beseitigen, zerstückelten sie die drei Leichen und entsorgten sie in den Grachten. Die Löcher, die durch das Geballer entstanden waren, spachtelten sie wieder zu, und das Blut überpinselten sie mit Farbe. Die holländische Zeitung *Amsterdam Metro* schrieb am 7. August 2009: »Limborgs Nomads wurden im März 2005 für den Mord an ihren drei Brüdern zu sechs Jahren Haft verurteilt. In der nächsten Instanz wurden sie aus Mangel an Beweisen freigesprochen.« Es konnte nicht klar zugeordnet werden, welcher Member geschossen hatte.

Nomads sind Hells Angels, die meist für das Grobe zuständig sind. Wenn ein Charter ein Problem hat, das es nicht selbst lösen kann oder will, werden Nomads angefordert. Sie haben den Vorteil, dass sie vor Ort nicht bekannt sind. Bei ihren Aktionen treten sie völlig anonym auf und benutzen nicht bekannte Fahrzeuge. Nomads werden zum Beispiel gerufen, wenn ein Charter den Einfluss auf die Türsteherszene verloren hat oder ihn gern bekommen würde. Dann gehen sie zum Beispiel in die betreffende Diskothek und sorgen so lange für Ärger, bis der Besitzer sich für eine neue Sicherheitsfirma entscheidet – also eine, die sich in den Händen von Hells Angels befindet. Nomads arbeiten gelegentlich auch für clubfremde Personen, dann allerdings gegen eine hohe Bezahlung.

Die Hells Angels in Deutschland haben wie jeder Motorrad-Club in ihrem Umfeld auch einige befreundete Clubs, sogenannte Supporter-Clubs. Dazu gehören die Red Devils und Brigade 81. Doch wer glaubt, dass die beiden unabhängig sind, liegt falsch: Die Member der Red Devils zum Beispiel waren vorher ganz normale Biker oder ein unabhängiger Motorrad-Club. Sie wurden von den Hells Angels vereinnahmt und in das eigens für sie eingerichtete Red-Devils-Charter integriert. Sie verfügen über keine nennenswerte eigene Struktur, sondern sind Nachgeburten der Hells Angels, denen sie auf Gedeih und Verderb ausgeliefert sind. Leider muss ich zugeben, dass ich zu meiner Zeit selbst dazu beigetragen hatte, dass mein Kasseler Charter zwei Red-Devils-Charter aufmachte.

Die Meinungen zu den Supporter-Clubs in Deutschland gehen weit auseinander: Ungefähr die Hälfte der Hells Angels in Deutschland ist für die Red Devils, die andere lehnt sie kategorisch ab. Bei den Befürwortern steht, wie sollte es anders sein, der Profit im Vordergrund.

Die Supporter sind die Dummen, die Patches, also die Aufnäher mit Club- beziehungsweise Supporter-Symbolen, und andere Fan-Artikel kaufen und somit eine Menge Geld in die Clubkasse bringen. Sie lassen ihre Bikes in Schrauberbuden reparieren, die Hells Angels gehören. Sie kaufen ihre Klamotten und Koks direkt bei Brüdern und unterstützen die Bordellbesitzer, indem sie nur noch in die Puffs gehen, die sich in Händen von Hells Angels befinden.

Vorteil für alle Hells Angels ist, dass die Supporter kostenlos im Club oder zu Hause aushelfen. Sie bewegen sich gern an der Seite der Member und zeigen oft grenzenlose Bewunderung. Das bringt natürlich viele Freunde und noch mehr Anerkennung mit sich. Red Devils betrachten die Hells Angels als ihre Vorbilder und Helden. Die meisten würden sich sogar ein Bein abhacken, um bei den Hells Angel mitmachen zu dürfen. Doch mal ehrlich: Warum sollte ein Hells Angel mit einem Red Devil abhängen, wo er doch in seinem eigenen Club viel bessere Kontakte, die angeseheneren Member und die cooleren Partys hat – und das alles international?

Nehmen wir als Beispiel einen ostdeutschen No-Name-Motorrad-Club. Die Jungs besaßen einen großen Table-Dance-Club, sehr gute Beziehungen zu osteuropäischen Frauen, die in diesem Club gearbeitet haben, und einige hatten gute Kontakte zu osteuropäischen Waffendealern. Sie fuhren auch Mopped und ließen sich ab und zu bei unseren Partys sehen. Schnell erkannten wir, dass diese Typen für unseren Club sehr lukrativ waren. Also eröffneten wir ein Red-Devils-Charter und holten die Jungs dort hinein. So waren sie an unseren Club gebunden, wodurch die Hells Angels natürlich finanziell und logistisch profitierten:

Die Red Devils

Die neuen Red-Devils-Member mussten sich Kutten, T-Shirts und Patches bei uns kaufen, Einnahmen aus ihren Geschäften prozentual an uns abführen und uns bei der Expansion gen Ostdeutschland unterstützen.

Natürlich hätten die Hells Angels auch problemlos ein eigenes Charter gründen können, doch sie kannten sich in der dortigen Szene überhaupt nicht aus. Keiner wusste, wie der Markt im Osten beschaffen war – die jetzigen Red Devils hingegen schon! Sie wurden von Monat zu Monat mächtiger und hatten ausgezeichnete Kontakte in die lokale und in die osteuropäische Drogenszene. Je größer ihr Club wurde, desto stärker wuchs auch sein Einfluss im Rotlichtmilieu. Das war den Hells Angels natürlich nicht entgangen.

Anfangs gaben Hells Angels diesen Red Devils kleinere Aufgaben: Sie sollten Mädchen aus Osteuropa für unsere Bordelle besorgen. Da dies sehr gut lief, wurden die Aufträge mit der Zeit immer größer: Mal sollten sie Drogen besorgen, mal ein paar Waffen schmuggeln. Die Hells Angels profitierten stark von den Kenntnissen und den Machenschaften der Red Devils, doch sie wollten mehr: Einige Brüder wollten den gesamten Drogen- und Hurenmarkt, den sich Red Devils dieses ostdeutschen Charters aufgebaut hatten, in ihren Club übernehmen. Und wenn Hells Angels etwas wollen, dann bekommen sie es auch, denn sie sind weltweit die Nummer eins im Milieu und in der Rocker-Szene.

Member des besagten Hells-Angels-Charters rekrutierten noch mehr Mädchen aus Osteuropa für westdeutsche und europäische Bordelle. Sie bauten Kontakte zu osteuropäischen und exjugoslawischen Waffenschiebern auf und gaben sie an uns weiter. Durch die Eingliederung der Red Devils zu den Hells Angels kam richtig Kohle in die Clubkasse, denn als Member der Hells Angels mussten sie jetzt Teile ihrer Einnahmen abdrücken. Das klappte natürlich nur so perfekt, weil ihnen während der Übernahme zwei oder drei alte Hells Angels zugeordnet wurden. Diese hatten die höherrangigen Posten im Charter inne, während die meisten ehemaligen Red Devils normale Member waren.

Warum ließen Red Devils so etwas mit sich machen? Die Antwort ist einfach: Ohne die Hells Angels waren sie nichts. Wir waren ihre Vorbilder. Der Aufstieg zu einem Hells-Angels-Member war für die meisten von ihnen mehr, als sie sich je erträumt hatten. Dabei war es ihnen egal, ob sie einen Posten begleiten durften oder nur ein normaler Member waren. Das Hauptanliegen der Brüder war es, ein Hells Angel zu sein. Nur so konnten sie in der ersten Liga mitspielen.

Als Red Devils hatten sie nichts zu sagen. Sie mussten sich von den Hells Angels alles Mögliche gefallen lassen. Wenn beispielsweise ein Member der Hells Angels ein Problem mit einem Red Devil hatte, egal welcher Art, konnte er ihn ohne Begründung aus dem Club werfen. Der Hells Angel konnte zudem ohne Probleme die Posten in einem Supporter-Charter umbesetzen, Gebote und Verbote erlassen und sogar ein Charter eigenmächtig schließen.

Wir Kasseler haben selbst zwei Red-Devils-Charter eröffnet, eines davon in einem kleinen Provinzkaff mit knapp zwanzigtausend Einwohnern. Dort gab es mal einen kleinen Club, der sich Crusaders nannte. Die Mitglieder, fast alles Deutsche, wurden von Türk, einem Türken, angeführt. Er hatte ein Ziegenbärtchen, dünne Arme und eine große Fresse. Die übrigen Mitglieder waren ganz normale Biker. Einige von ihnen fühlten sich zu Höherem berufen.

Irgendwann suchte Türk den Kontakt zu unserem Charter in Kassel. Beim damaligen Präsidenten Jack stieß er mit seinem Gebettel auf offene Ohren. Der wollte die etwa fünfzehn Crusaders in unserem Charter als Supporter unterkriegen. Er suchte sich weitere Befürworter und fand sie auch. Nach und nach wuchs der Kreis der Fürsprecher. Dem Ganzen stand nur noch ich im Wege. Es war unglaublich, wie mir alle in den Arsch krochen, denn ich musste die entscheidende Stimme geben. Ich tat es dann auch – für meine Brüder, die so eine weitere Einnahmequelle für ihre Motorrad-Schrauberbuden oder sonstigen Geschäfte hinzugewannen. Heute gibt es dieses Charter nicht mehr; einige der Member haben sich anderen Red-Devils-Charter angeschlossen.

Nachdem die Sache mit Türk und seinen Leuten für uns halbwegs akzeptabel abgelaufen war, beschlossen wir, ein weiteres Red-Devils-Charter in Kassel zu gründen. In unserem Umfeld tummelten sich nämlich immer mehr Jungs, teils aus aufgelösten Clubs, teils Bekannte oder Verwandte, die auch Hells Angels werden wollten. Doch das stand außer Frage. Wir gaben ihnen eine Chance und machten sie zu Red Devils. Es war eine wild zusammengewürfelte Gruppe, von denen viele nicht allzu helle waren. Ich muss zugeben, dass diese Entscheidung nicht gerade eine meiner Sternstunden darstellte, da es absoluter Schwachsinn war, sich derartige Leuchten in den Club zu holen.

Hells Angels machen fast alles nur aus Eigennutz. Was finanzielle Vorteile bringt, wird knallhart durchgezogen, was Verluste einfährt, wird ausrangiert. Gewinne aus den Geschäften zu maximieren steht immer mehr im Vordergrund. Beim Drogen- und Waffenhandel, der Schutzgelderpressung, der Prostitution und beim Auftragsmord sichern sich Hells Angels immer größere Marktanteile. Dabei profitieren sie von einem

Netz von Chartern, in dem weltweit Brüder Hand in Hand arbeiten und sich gegenseitig auch ausbilden, damit sie für den Ernstfall fit sind.

Der Ernstfall umfasste zu meiner Zeit auch den geübten Umgang mit Waffen – schließlich gehören Waffen fest zum Leben eines Hells Angels. Wenn beispielsweise ein Member ausprobieren wollte, wie eine Handgranate oder eine Maschinenpistole funktionieren, musste er sich nur an bestimmte Brüder in Skandinavien wenden. Sie waren wahre Experten, die alles auf Lager hatten: von handelsüblichen Revolvern über Pump-Guns bis zu Panzerfäusten und Granaten.

Ich selbst habe nie solch ein Camp besucht und hatte auch nie das Bedürfnis, sinnlos in der Gegend herumzufeuern. Ich kenne diese Geschichte nur aus Erzählungen ehemaliger Brüder. Von regelrechten Ausbildungslagern wurde mir berichtet, in denen Member unter fachmännischer Begleitung mit jeder Menge Waffen bis hin zum Sprengstoff hantieren konnten.

Für viele Member ist diese Ausbildung unerlässlich, denn in jedem Charter auf der Welt gibt es Waffen. Und mit Waffen muss man umgehen können. Es nutzt nichts, wenn man irgendwo mit einer Maschinenpistole reinläuft und sie nicht durchladen kann. Und wenn man auf jemanden schießen will, sollte man auch treffen.

Es ist äußerst makaber, und ich persönlich verurteile dieses Verhalten einiger Hells Angels bis heute – dennoch ist die folgende Geschichte die bittere Wahrheit: In Südafrika gibt es Hells Angels, die ein sogenanntes

»Nigger-Shooting« veranstaltet haben – als Übung für den Ernstfall. Nach etwas Theorie geht es dorthin, wo die Kriminalität besonders hoch ist und wo täglich mehrere Menschen durch Gewalttaten sterben, in eines der vielen Townships. Die Fahrt wird mit einem Bike oder einem Auto veranstaltet. Der Member, der schießen will, sitzt hinten, während ein Bruder lenkt. Sie fahren durch die Ghettos – auf der Suche nach einem Opfer. Wie es aussieht, ist völlig egal. Ebenso egal ist, ob es ein Mann oder eine Frau ist. Scheißegal. Hauptsache ist, dass der Member trifft!

Das Fahren und Schießen heißt »Drive by Shooting«. Die Gastgeber suchen das Opfer aus. Sie fahren langsam heran, dann muss der Gast schießen. Das einzige Risiko dabei ist, dass das Opfer zurückschießt, denn viele Ghetto-Bewohner sind bewaffnet. Taucht die Polizei auf, wird sie mit ein paar Hundert Dollar geschmiert – dort ein Vermögen. Doch die Bullen sind meist weit und breit nicht zu sehen, weil sie sich nicht in die Ghettos trauen. Mir ist bis heute kein einziger Fall bekannt, bei dem es Schwierigkeiten mit der südafrikanischen Polizei gab. Bis vor ein paar Jahren erhielten die Teilnehmer des sogenannten »Nigger-Shootings« bei erfolgreichem Ende einen speziellen Aufkleber. Mittlerweile wird dieser meines Wissens nicht mehr verliehen.

Hells Angels helfen sich untereinander. Wenn zum Beispiel ein Charter in Spanien ein Problem hatte, das es nicht selbst lösen konnte, bat es um Hilfe. Dann reisten Member aus anderen Ländern an. Damit die

ortsansässigen Hells Angels später bei der Polizei ein
wasserdichtes Alibi hatten, gingen sie ins Kino oder in
eine belebte Gegend, um genügend unabhängige Zeugen zu haben. Währenddessen erledigten die angereis-
ten Member den Auftrag. Derartige Anfragen wurden
auch deutschen Hells Angels mehrfach im Jahr an-
getragen. Wenn sie umgesetzt wurden, gab es dafür
entsprechend Kohle.

Ob die folgende Geschichte auf solch einem Auftrag basierte, weiß ich nicht. Eines Tages, es war im
Sommer 2002, besuchte ich meinen Bruder Günther in
Süddeutschland. Wir saßen bei ihm zu Hause in seinem
Wohnzimmer, ich auf dem Sofa. Irgendwann stand er
auf und sagte »Uli, ich muss dir mal was zeigen.« Günther lief aus dem Wohnzimmer, kam kurze Zeit später
mit einem Zwanzig-Liter-Farbeimer in der Hand zurück und stellte ihn zwischen uns. Ich bemerkte, dass
in dem Deckel kleine Löcher waren. »Mach mal auf,
guck mal rein«, sagte er zu mir. Das kam mir spanisch
vor; ich wollte, dass er es selbst macht. Er zog den Deckel auf und sofort kam ein bestialischer Gestank aus
dem Eimer. Ich beugte mich nach vorn und schaute
hinein.

Was ich dort sah, widerte selbst mich als hartgesot-
tenen Hells Angel an. Im Eimer lagen zwei abgetrenn-
te menschliche Schädel, ohne Haare, ohne Bart. Einer
war größer, der andere kleiner. Ich nehme an, dass es
sich um einen Mann und eine Frau handelte. Auf den
Schädeln krochen Hunderte von Maden, solche wie
ich sie damals meinen Anglern als Köder zum Fischen

verkauft hatte. Die Schädel waren gelblich braun. Im Kinnbereich und in den Augenhöhlen hingen noch einige Hautfetzen. Es war ekelhaft. Ich fragte Günther, wer die beiden einmal waren. Er antwortete nur: »Uli, das willst du nicht wirklich wissen.« Ich stimmte zu und sagte ihm, dass er den Eimer verschließen und rausschleppen soll. Das, was mir in diesem Moment durch den Kopf schoss, war: Hoffentlich gibt es jetzt keine Hausdurchsuchung. Ich riss sämtliche Fenster und Luken in dieser Bude auf, denn der Gestank hielt sich hartnäckig. Schneller als ursprünglich geplant fuhr ich zurück nach Kassel. Selbst eine Woche später meinte ich noch, den Gestank in meinen Klamotten riechen zu können. Günther und ich haben uns über dieses Thema für immer ausgeschwiegen.

Eine weitere interessante Einnahmequelle haben sich einige Motorrad-Händler, die mit Hells Angels verbunden sind, erschlossen. Sie steigern ihren Geschäftsgewinn auf folgende Art und Weise: Bringt ein Kunde sein Motorrad in ihre Schrauberbude, wird heimlich ein Nachschlüssel gemacht – vor allem wenn es sich um ein besonders schönes Teil handelt. Der Händler verwickelt ihn in ein Gespräch, so dass er ganz nebenbei erfährt, wo das Mopped abgestellt und wie es gesichert wird. Die Kundenkartei verrät weiterhin das Baujahr und die Sonderaufbauten. Viele Kunden, vor allem die finanziell besser gestellten, lassen ihr Bike zur Reparatur oder Inspektion zu Hause abholen. Dabei kann der Schrauber gleich das Haus und die Umgebung ausspähen. Er sieht, wie die Türen verschlossen werden und ob Überwachungskameras oder Bewegungsmelder installiert sind, um abzuschätzen, wie schwer an das Bike im Bedarfsfall heranzukommen ist.

Leichte Beute sind Kunden, die Sonderaufbauten bei solchen Händlern bestellten. Dabei geht es mal um ein neues Sechsganggetriebe, breitere Reifen, eine neue Gabel, Antrieb oder Bremsen. Diese Teile sind in den Läden, von denen ich hier spreche, meist geklaut. Und falls es sich dabei doch einmal um registrierte, legale Aufbauten handeln sollte, werden sie dem Kunden später nicht selten einfach wieder gestohlen. Einer meiner Brüder, der eine eigene Schrauberbude betreibt, hat beispielsweise seinem Steuerberater einen Harley-Neuaufbau verkauft, der zu siebzig Prozent aus gestohlenen Teilen bestand. Geschichten wie diese könnten ein Grund dafür sein, dass Versicherungen in Deutschland Harleys nur noch selten gegen Diebstahl absichern.

Zusätzlich haben die Hells Angels in ihren eigenen Reihen einige Schrotthändler, die wirklich alles verschwinden lassen können: Motorradrahmen, Gehäuse und Waffen. Ich kannte einen Member, der nebenbei einen Schrotthandel betrieb. Er bot uns bei irgendeinem Meeting an, dass er auch Leichen verschwinden lassen könnte.

Tätowierer müssen Schutzgelder zahlen. Diejenigen, die keine Kohle an Hells Angels abdrücken, werden meist von anderen abgezogen, oft von Membern anderer Motorrad-Clubs. Die Höhe der Zahlungen, die meine Brüder in den mir bekannten Fällen einforderten, richtete sich nach der Größe und dem Umsatz des Ladens. Andererseits sind die Tätowierer dafür verantwortlich, uns ordentliche Tattoos zu stechen. Für einen Member ist es eine Ehre, ein Club-Tattoo zu tragen. Dennoch gibt es immer wieder Mitglieder, die keine oder keine sichtbaren Tattoos tragen. Das sind nicht selten die Typen, die die ganz großen Deals machen. So halten sie sich weiterhin ein Hintertürchen für ihr Image als Saubermann offen. Einige von denen arbeiten sogar noch in einem legalen Beruf. So gab es zum Beispiel während meiner Zeit einen Member, der täglich brav seinen Dienst in einer Behörde schob.

In Amerika haben alle Hells Angels Tattoos zu tragen, und auch in Skandinavien ist das Pflicht. Dort gehen die Regeln sogar noch weiter: Sechs Wochen nach seiner Ernennung zum Member muss der Hells Angel sein erstes Club-Tattoo haben. Wenn nicht, fliegt er.

Der Zeitpunkt, wann sich ein Member ein Tattoo stechen lassen darf, ist genauestens geregelt: Das erste Club-Tattoo ist der Charter-Dead-Head, den sich jeder Member sofort nach seiner Ernennung stechen lassen kann. Jeder Voll-Member, der also mindestens ein Jahr im Club ist, kann sich den World-Dead-Head stechen lassen. Hände und Hals dürfen erst nach fünf Jahren, der Rücken erst nach zehn Jahren Clubzugehörigkeit tätowiert werden.

Es wird sehr großer Wert darauf gelegt, dass diese Tattoos nur von Membern verwendet beziehungsweise getragen werden. So dürfen clubfremde oder ungewollte Personen keine Tattoos tragen, die auf die Hells

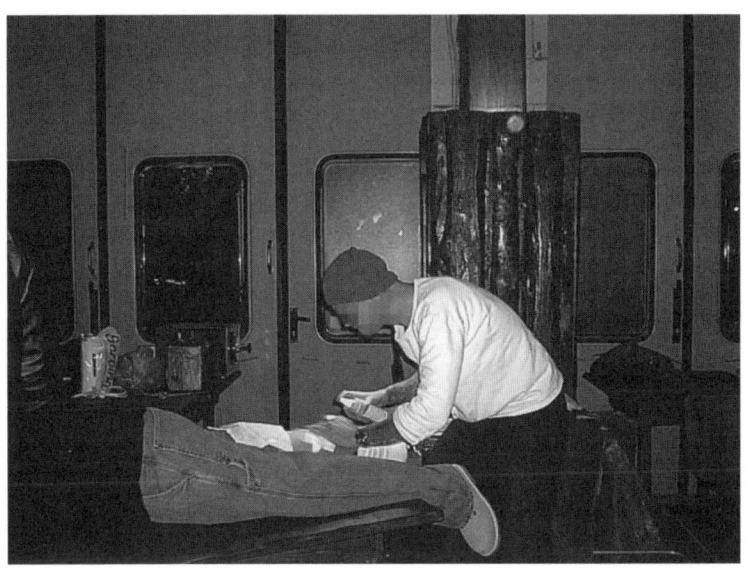

Beim Tätowierer

Angels hindeuten. Wenn sie sich doch welche stechen lassen, müssen sie damit rechnen, dass sie hemmungslos entfernt werden.

Vor etwa zehn Jahren gab es einmal einen Typen in Berlin, der ständig in der Nähe des Clubs abhing und einen auf dicken Max machte. Kein Hells Angel wollte ihn. Irgendwann hatte er sich einen clubnahen Schriftzug auf die Stirn tätowieren lassen. Das ging gar nicht. Keiner wollte, dass der Typ so herumlief. Das Problem wurde auf einer Tattoo-Messe gelöst: Mehrere Brüder zogen ihn hinter einen Vorhang und tätowierten ihm seine ganze Stirn. Der Schriftzug war danach nicht mehr zu erkennen …

Die Hells Angels kennen ihre Freunde genau. Wenn

ein Fremder mit einem Tattoo auftaucht, wird dies binnen kürzester Zeit bekannt. Dann machen sich Brüder auf den Weg und das Tattoo wird meist noch an Ort und Stelle sofort geschwärzt. Es gab einmal einen Fall, ich glaube es war in Frankfurt, da wurde ein Typ in einer Puff-Sauna gesehen, der einen Dead-Head auf seinem Arm tätowiert hatte. Das Mädel, das ihn gesehen hatte, berichtete umgehend ihrem Wirtschafter davon. Da niemand den Typen kannte und er auch kein ausländischer Member war – diese meldeten sich nämlich immer vorher bei uns an –, war klar: Wir mussten uns den Typen greifen und das Tattoo beseitigen. Eine Stunde später waren wir vor Ort, mit Tattoo-Equipment und ein paar Brüdern. Gefallen hat das dem Typ nicht, doch nach wenigen Minuten war der Dead-Head an seinem Arm grob schwarz übertätowiert.

Der Club und seine Gegner

Die Hells Angels haben nicht nur Anhänger und Freunde, sondern auch jede Menge Feinde. Das sind vor allem die, die versuchen, ihnen in die Geschäfte zu pfuschen. An erster Stelle stehen Member anderer Motorrad-Clubs. In Deutschland gibt es neben den Hells Angels zwei große Clubs: Gremium und die Bandidos.

Gremium wurde 1972 in Mannheim gegründet. Anfang 2010 gehörten dem Club in Deutschland sechsundsechzig Voll- und sechs Prospect-Chapter an. Chapter sind die Ortsverbände, die bei den Hells Angels Charter genannt werden. Der Motorrad-Club besitzt fünfundfünfzig weitere Chapter in vielen Ländern. Die Clubfarben sind schwarz und weiß, als Abzeichen tragen die Member den Schriftzug »Gremium« und den jeweiligen Landesnamen auf ihrer Kutte. Über dem Schriftzug befindet sich eine Faust, die durch die Wolken stößt. Heute haben sie in Deutschland sogar Supporter-Clubs.

Die größeren Feinde der Hells Angels sind die Bandidos. Seit vielen Jahren versuchen sie, sich ins Milieu einzumischen und den Hells Angels ihren Besitz streitig zu machen. Der Motorrad-Club wurde 1966 in

Houston, Texas, gegründet. Das Erkennungszeichen ist ihr Kutten-Aufnäher, der einen mexikanischen Banditen mit einer großen Machete und einer Pistole in der Hand zeigt. Ihre Farben sind rot und gold. Das erste deutsche Chapter entstand zwei Wochen nach dem Zusammenschluss der Bones mit den Hells Angels. Die Gelben Ghostriders, ein regionaler Club, hatten sich an die Bandidos in Skandinavien gewandt. Sie wollten auch international agieren und zu den Bandidos gehören.

Den skandinavischen Bandidos kam das sehr gelegen, denn die waren wegen der Kriege mit den Hells Angels zwischen 1994 und 1997 klamm. Bis zum 25. September 1997 zählten die Bullen in Skandinavien elf Morde, vierundsiebzig Mordversuche und sechsundneunzig Verletzte, bei denen auch Panzerabwehrraketen und Autobomben zum Einsatz kamen. Ständig mussten Member beider Clubs ihre Vereinshäuser wieder aufbauen und neue Fahrzeuge kaufen. Das kostete. Für die Hells Angels war das kein Problem. Die Bandidos allerdings waren auf Kohle angewiesen. In dieser Situation reisten einige Skandinavier nach Deutschland, setzten sich mit den Gelben Ghostridern an einen Tisch und besprachen die Übernahmebedingungen: Jeder Ghostrider – damals etwa zweihundert – sollte zehntausend D-Mark an die skandinavischen Bandidos zahlen. Die Gelben Ghostriders stimmten den Forderungen der Skandinavier zu. Schon bald bekamen sie ihre neuen Kutten mit den Patches der Bandidos sowie etliche Waffen.

Die Bandidos (Quelle: Pressefoto Wagner)

Über die Jahre hinweg warben sie viele neue Mitglieder, so dass die Bandidos in Deutschland schnell
zu einem Problem für die Hells Angels wurden. Heute
verfügen sie sogar über eigene Supporter-Clubs, zu
denen unter anderem die Chicanos gehören.

Selbst in meiner Heimatstadt Kassel gründete sich
ein Bandidos-Chapter, das noch heute existiert. Dort
glaubten die Bandidos ernsthaft, unsere Stadt terrori-
sieren zu können. Dabei hatten sie eigentlich nichts:
keine Ambitionen und keine Macht. Trotzdem versuchten sie, auf der Flöte das große Bikerleben zu spielen. Das ging natürlich auf keinen Fall! Sehr schnell
und sehr drastisch brachten wir sie wieder auf Spur.
Es gibt gute Gründe, diese alten Dinge nicht in allen

Einzelheiten wieder aufzuwärmen. Deshalb werde ich die damaligen Ereignisse hier grob umschreiben.

Die Kasseler Bandidos wollten im Rotlichtmilieu mitmischen – nicht viel, nicht groß. Das gefiel meinen Brüdern und mir gar nicht. Also besorgten wir uns den Schlüssel für deren Clubhaus und luden einen der Bandidos zum »Kaffeetrinken« ein – so möchte ich das hier formulieren. Das Ergebnis war eindeutig: Er reichte den Schlüssel nach wenigen Minuten beinahe unaufgefordert über den Tisch. Als seine Kollegen abends zu ihrer Sitzung kamen, waren wir schon da. Wir gaben den Bandidos richtig eins auf den Kopf.

Erlaubt ist in der Szene alles. Schießen hingegen ist immer eine zweischneidige Sache, denn sobald geschossen wird, geht das fast immer zur Bullerei. Clubs sagen nicht gegeneinander aus, so lautet der Ehrenkodex – ein Freifahrtschein für jedwede Gewalt: Man kann jemandem auf den Kopf hauen, sein Knie zertrümmern, ihm ein Messer in die Nieren rammen. Egal was man macht, muss man wenig befürchten, weil die Polizei nichts davon erfährt. Es soll einige Leute geben, die einfach von der Bildfläche verschwunden sind, von denen niemand etwas weiß. Niemand fragt nach. Die Clubs wiegen sich in Sicherheit: Sie spielen Herr über Leben und Tod. Die Bandidos hatten an jenem Abend eine ordentliche Abreibung erhalten. Aber sie mischten sich weiter in unsere Geschäfte ein. Mir ging es ums Milieu, anderen ums Koks-Geschäft.

In der Nähe von Kassel gab es einen kleinen Motorrad-Club, der sich MC Löwenburg nannte. Zu meiner

Zeit stieg dort ein- bis zweimal im Jahr eine Party, wo auch die Bandidos rumhingen und eine riesige Welle machten. Sie mussten damals geahnt haben, dass wir dort vorbeikommen wollten. Die meisten von ihnen hatten nämlich Kanonen eingesteckt, wir natürlich nicht ... Als wir dort ankamen, lag sofort eine feindliche Stimmung in der Luft. Die Leute wurden leise. Wir verteilten uns auf dem Gelände. Allen Besuchern war klar, dass gleich etwas Unangenehmes passieren würde.

Einige Gäste suchten schnell das Weite. Es dauerte tatsächlich nicht lange, bis der erste Bandido wie tot im Gras lag und sich nicht mehr regte. Anschließend ging es richtig zur Sache, und die Fäuste flogen auf beiden Seiten. Da die Bandidos uns allerdings unterlegen waren, holten einige ihre Waffen heraus. Vereinzelt wurde auf uns geschossen, der eine oder andere lag blutend am Boden. Direkt neben mir lag ein Bandido mit einem Messerstich am Hals und einem in der Seite. Ich weiß bis heute nicht, wie das passieren konnte ... Die Prügelei ging jedenfalls weiter.

Einer hatte plötzlich eine Schrotflinte in der Hand und kam auf mich zu. Das war sein großer Fehler! Wie jeder weiß, sind Gewehre nicht für den Nahkampf gedacht. Ich riss ihm das Teil aus den Händen und kurze Zeit später hatte er eine ramponierte Birne. Sein Gewehr gab ich ihm selbstverständlich zurück, dabei entschuldigte ich mich bei ihm für mein rüdes Vorgehen.

Für uns war es an der Zeit zu gehen: Die Bullen-Sirenen waren schon zu hören. Ich stieg in meinen

Wagen. Aus dem Fenster sah ich, wie ein Bandido davonhetzte und wie aus dem Nichts auf die Straße stürzte. Vielleicht hatte er einen Schwächeanfall. Der große Mercedes, der vor mir fuhr, konnte nicht mehr ausweichen, fuhr über seine Beine. Autsch! Ich dachte mir, dass er davon noch lange was haben wird und gab Gas.

Die Bilanz auf unserer Seite: zwei Mann mit Messerstichen, einer mit einer Kugel im Bein, einer hatte ein Messer im Rücken, ein paar blaue Augen, fehlende Zähne und gebrochene Hände. Bilanz bei den Bandidos: sechs Leute mit Messerstichen, einige Knochenbrüche, mehrere blaue Augen, dicke Köpfe und einer, der bis heute humpelnd durch Kassel läuft.

Nach diesem Vorfall gab es regelmäßig kleinere Vorkommnisse mit den Bandidos, mit Gremium oder anderen Motorrad-Clubs. Zu meiner Zeit allerdings spielten die Bandidos in Kassel keine Rolle mehr. Heute sind sie die Nummer eins, weil es kein Hells-Angels-Charter mehr in Kassel gibt. Sei es ihnen gegönnt!

Auch einzelne Leute versuchten immer wieder, uns in die Quere zu kommen. So gab es im Kasseler Milieu einen, der stark von Bandidos profitierte und von Geschäften mit Koks lebte. Bandidos organisierten ihm guten Stoff, und er verkaufte ihn weiter. Der Typ, ein echter Angeber, war der Meinung, dass ihm die Welt gehört. Das konnte natürlich nicht sein, denn wenn, dann gehörte sie mir!

Immer wieder kam es zwischen uns beiden zu kleineren Streitereien: Ich musste ihm öfter mal in den

Arsch treten. Im Juni 2005 schaukelte sich die Situation immer mehr hoch. Selbst die Bullen hatten mitbekommen, dass etwas Größeres in Vorbereitung war. Doch was das war, wussten sie nicht.

Unser Charter traf sich jeden Mittwoch zum Meeting im Clubhaus an der Söhrestraße. Das war den Bullen natürlich bestens bekannt. Sie wollten endlich erfahren, was wir planen. Sie wollten uns festnehmen und jeden einzeln ausquetschen. Die Bullen dachten wohl, dass einer von uns schon singen würde. Den Zugriff hatten sie auf dem Papier sicherlich gut geplant. Doch jeder weiß, dass Theorie und Praxis manchmal sehr weit auseinanderdriften.

An diesem Mittwoch kam ich wie immer als Letzter zur Sitzung, kurz nach zwanzig Uhr. Ich sah, dass einige fremde Autos vor dem Clubhaus standen, was mich aber nicht weiter interessierte. Als ich gerade die Tür zum Clubhaus öffnete, schossen die Grünen wie Pilze aus dem Boden. Sie hatten sich auf dem angrenzenden Bahngelände vergraben. Mit Armbrust in der Hand und Federn am Hintern, einige hatten sogar Büsche auf dem Kopf. Ich dachte, die wollten einen Western drehen.

Alle drei Meter stand ein Bulle, auf sämtlichen Bahnschienen, rund ums Clubhaus. Zeitgleich fuhren volles Rohr zwei Busse vor. Die Türen gingen auf, und die vermummten Bullen sprangen heraus, einer mit einer Ramme in den Händen. Der wollte das Tor vom Clubgelände aufbrechen. Das hätte sicher kein Problem dargestellt, wäre da nicht der federnde Maschendrahtzaun gewesen, der unser Clubhaus umgab. Der Spezialist vom SEK hatte in seinem Enthusiasmus nicht das Schloss, sondern den Zaun getroffen. Die Ramme verfing sich und steckte fest. Seine Kollegen mussten ihm helfen, das Ding wieder aus dem Zaun zu ziehen.

Ich rief meine Brüder zusammen. Wir standen jetzt alle vor der Tür unseres Clubhauses und ergötzten uns an dem Spektakel mit verschränkten Armen. Schon näherte sich der nächste Übereifrige in Uniform und glaubte, er könne das Tor mit seinem rechten Bein auftreten. Er trat dagegen, der Zaun federte, und der SEK-Typ knallte auf seinem Arsch.

Ich fragte mich, was diese Show eigentlich sollte. Die Bullen brüllten wie die Blöden. Mein Körper war von roten Punkten übersät. Ich hörte nur: »Keine Bewegung, sonst schießen wir.« Sie hatten Laserpointer auf uns gerichtet: Kopf, Bauch, Beine. Warum wollten die uns erschießen? Wir standen vor unserem Clubhaus, ohne Waffen, und beobachteten die Bullen bei ihrer Aktion. Die waren draußen, wir drin.

Dann holte einer von ihnen eine Motorsäge aus dem Fahrzeug. Was für ein Gerät: sechzig Zentimeter lange Kette, mit der im Dschungel Riesenbäume abgeholzt werden. Dreimal musste der Typ ziehen, um sie zu starten. Neben dem Eingangstor befand sich eine Holzwand, direkt dahinter standen unsere Bierbänke und Tische gestapelt beziehungsweise an die Wand gelehnt. Der Bulle sägte ein Loch in die Holzwand – so clever, dass das Loch nicht bis zum Boden reichte. Fünfzehn oder zwanzig Jungs vom SEK mussten einzeln in voller

Montur und mit Maschinenpistole in der Hand durch das Loch klettern – welch eine Lachnummer. So etwas hatte ich noch nicht erlebt.

Als die Bullen endlich in voller Mannstärke auf dem Clubgelände angekommen waren, mussten wir uns auf den Boden legen. Wir konnten ja nichts mehr machen. Die saßen am längeren Hebel, hatten bessere Gewehre und mehr Munition. Sie begannen, uns zu durchsuchen, und gingen dann ins Clubhaus. Dieses hatte auch einen Hinterausgang, dessen Tür sich nur nach innen öffnen ließ. Das wussten die schlauen Bullen offensichtlich nicht, denn sie brachten von innen eine Sprengladung an. Auf die Idee, die Tür einfach zu öffnen, kamen sie nicht. Erst als nach der Explosion die Tür immer noch in ihrem Rahmen hing, merkten sie, dass sie sich nach innen öffnen ließ – eine großartige Show!

Am Ende wurden wir – sechs Member, ein paar Prospects, Hangarounds und Supporter – festgenommen und zur Vernehmung aufs Revier gebracht. Wir sollten DNA-Proben abgeben, was viele freiwillig machten. Ich weigerte mich, was jedoch völlig egal war. Meine DNA hatten sie nämlich schon längst.

Die Bullen sperrten mich in eine Zelle, während sie zur gleichen Zeit unsere Wohnungen durchsuchten, insgesamt dreizehn. Anschließend verhörten sie mich: Sie wollten wissen, was wir vorhatten. Ich sagte nichts, keiner von uns sagte etwas. Um halb zwei Uhr nachts ließen sie mich wieder frei – als Letzten. Gefunden und sichergestellt hatten sie an diesem Tag einiges: Im Clubhaus waren mehrere scharfe Waffen, Munition, eine Pump-Gun, ein Vorderlader, Nachtsichtgerät und kugelsichere Westen versteckt. Bei mir zu Hause fanden sie einen Revolver, bei einigen Brüdern verbotene Messer, Marihuana und ein bisschen Koks.

Der Prozess gegen uns fand am 29. März 2007 in Kassel statt. Unsere Anwälte beantragten Freispruch, weil die Durchsuchungsaktion nicht erlaubt gewesen war. Den Bullen lagen keine konkreten Anhaltspunkte auf eine Straftat vor. Deshalb, so argumentierten unsere Anwälte, dürften die sichergestellten Waffen nicht als Beweismittel zugelassen werden. Das Gericht sah das anders. Meine drei Brüder und ich wurden zu Freiheits- und Geldstrafen verurteilt. Ich bekam Bewährung und sollte fünfhundert Euro Strafe zahlen, weil ich in meiner Kutte vor dem Richter erschienen war. Das hatte dem Staatsanwalt nicht gefallen, der Richter aber sah das anders. Es gibt nämlich keine Kleiderordnung für Angeklagte vor Gericht.

Polizei, Justiz und Staatsanwaltschaft waren unser Feindbild schlechthin. Sie versuchten, international gegen uns zu arbeiten. Bis heute tauschen sie Ermittlungsergebnisse gegen die Hells Angels aus. Zu meiner Zeit bemühten sie sich, uns immer einen Schritt voraus zu sein. Das klappte allerdings nur sehr selten, da wir die besseren Kontakte hatten. Den Beamten waren ihr Papierkram und die vielschichtige Bürokratie im Weg. Bei uns klappte die Kommunikation meistens schneller und besser. Schon allein durch den beständigen E-Mail-Kontakt zu allen Chartern.

Ende 2005 traf beispielsweise eine Mail auf unserem

Clubrechner ein – aus Kanada. Hells Angels dort hatten einem Bullen fünftausend Dollar geboten, damit er sein Laptop mit polizeilichen Ermittlungsdaten rausrückte. Sie wollten wissen, welche aktuellen Polizeioperationen und Untersuchungen es gab. Dummerweise sang der Bulle bei seinen Kollegen. Dass dieser Versuch aufflog, war ein Einzelfall. In der Regel wurden solche Bestechungsversuche nicht bekannt, denn die Staatsmacht in Übersee war korrupt. Meistens bekam man, was man wollte – nämlich Informationen, die sowohl für die amerikanischen Brüder als auch für uns Europäer wichtig waren.

Per Mail wurden wir über die aktuellen Rivalitäten anderer Banden auf dem Laufenden gehalten, um notfalls unseren Brüdern schnell Hilfe zu schicken. Denn was in Deutschland der Krieg zwischen den Hells Angels und den Bandidos war, war in Übersee der Krieg zwischen den Hells Angels und den Pagans, einem dortigen Motorrad-Club, der eng mit den Bandidos kooperiert. Die Feindschaft der beiden Motorrad-Clubs stammt aus den Fünfzigerjahren. Mal gab es Krieg, mal herrschte Frieden – ein ständiges Hin und Her. Der Grund, warum ein Krieg ausbrach, war üblicherweise die Machtverteilung und die Abschöpfung der Kohle im Milieu.

Nach einer längeren Friedensphase brachen die Streitereien zwischen den Hells Angels und den Pagans in Philadelphia im Jahr 1999 wieder aus. Mehrere Hells Angels schossen Ende August auf den Präsidenten der Pagans. Er überlebte den Angriff, und der

Krieg begann: Schlägereien und Messerstechereien bestimmten in den kommenden Jahren den Alltag. Der Streit erreichte seinen Höhepunkt im Februar 2002: Pagans stürmten den Hellraisers Ball der Hells Angels auf Long Island, einem ehemaligen Pagans-Gebiet. Im Feuergefecht starb ein Mann, zehn wurden verwundet. Zwei Hells Angels und mehr als siebzig Pagans wurden verhaftet. Von da an wütete der Krieg in ganz Amerika. Polizisten warnten öffentlich vor der Rache der Hells Angels. Fünf Tage später brannte das erste Clubhaus der Pagans, wenig später wurden zwei Hells Angels nahe einer Autobahn erschossen. Bis heute gibt es einen erbitterten Kampf um die »Ehre«.

Alltag

Die Hells Angels sind ein Motorrad-Club. Sie lieben Bikes und basteln jede freie Minute an ihren Harleys herum. Am Wochenende kurven sie zu Festen, trinken Bier, schauen sich nackte Mädchen an und stopfen Berge an Fleisch in sich hinein. So ist das Bild des Clubs in der Öffentlichkeit – das Bild des freiheitsliebenden Easy Riders. Doch Polizei und Justiz vermuten seit Jahren, dass sie es mit einer Vereinigung Krimineller zu tun haben. Recht haben sie!

Hells Angels unternehmen enorme Anstrengungen, damit der Staat keine Ansatzpunkte für Verbote findet. Vereinzelt konnten die Behörden zwar einzelne Charter verbieten, so beispielsweise 1983 in Hamburg oder 2001 in Düsseldorf, aber flächendeckend ist es ihnen lange Zeit nicht gelungen. Erst 2010 verboten sie ein Charter in Schleswig-Holstein. Zum Zeitpunkt der Veröffentlichung stand das Thema eines bundesweiten Verbots der deutschen Hells Angels auf der Agenda der Innenministerkonferenz.

Ein Beispiel, wie versucht wird, die Legalität nach außen hin zu wahren und sich rechtlich nicht angreifbar zu machen, ist die versteckte Sympathie mit der Zeit des Nationalsozialismus. Ich weiß nicht warum, aber vor allem Hells Angels in Amerika sympathisieren stark mit Hitler und der Nazizeit in Deutschland. In jedem amerikanischen Clubhaus, das ich bei meinen Besuchen gesehen habe, waren Hakenkreuze, Stahlhelme, NS-Flaggen, Hitler-Bilder oder *Mein Kampf* zu finden. Die Bewunderung mancher amerikanischer Brüder geht so weit, dass sie sich sogar Hakenkreuze auf die Haut tätowieren lassen. Problematisch wurde das, wenn amerikanische Hells Angels nach Deutschland reisten und diese Symbole zeigten. Unsere Behörden leiteten sofort ein Ermittlungsverfahren wegen des Straftatbestands der Verwendung verfassungswidriger Symbole ein, und das brachte den Club in Verruf.

Daraufhin wurde eine neue Vorschrift in die World-Rules aufgenommen. Die besagt, dass keine Artikel mit Symbolen aus der NS-Zeit hergestellt, getragen, verkauft oder gezeigt werden dürfen. In den World-Rules heißt es: »Dies beinhaltet Motorrad-Lackierungen, Tattoos, T-Shirts oder Kleidung jeglichen Typs, Schmuck, Poster, Flyers, Unterschriften, Tafeln und Bildern. Die einzigen Ausnahmen, die gestattet werden, sind existierende Grabsteine, Tafeln oder Tattoos.« Wenn dieses Verbot nicht erlassen worden und einzelne Member weiterhin mit den Symbolen ausgestattet gewesen wären, hätte die deutsche Justiz mit Sicherheit versucht, die Charter auf Grund des Verfassungsschutzgesetzes zu verbieten.

Dass es zumindest deutschen Hells Angels mehr um ihre kriminellen Machenschaften als ums Motorrad-

Pause während einer Tour

fahren geht, wird klar, wenn der Aspekt des Motor-
radfahrens betrachtet wird. Es ist kaum zu glauben:
Mopped fahren konnten zu meiner Zeit nämlich die
wenigsten! Etwa ein Viertel aller Member besaß nicht
mal einen Führerschein. Wenn doch ein Motorradkorso
auf der Autobahn stattfand, lief der nicht immer ohne
Verletzungen ab. Ich war einmal bei einer Fahrt dabei,
bei der sich zwei gegenseitig totfuhren. Selbst auf dem
Weg zu Beerdigungen kam es immer wieder zu schweren Unfällen. Viele meiner Brüder waren nicht in der
Lage, den Lenker gerade zu halten und ihr Mopped zu
steuern. Viele der Bikes zu Veranstaltungen im Ausland wurden per Lastwagen angeliefert.

Das Hannoveraner Charter tat sich auch dabei besonders hervor: Dessen Präsident besaß zu meiner Zeit keinen Führerschein. Bei diesem Charter kam es auch nicht selten vor, dass selbst bei Partys, die gerade einmal hundert Kilometer entfernt stattfanden, die Mopeds mit dem Laster angeliefert wurden. Der Lastwagen fuhr dann zwanzig bis dreißig Kilometer vor das eigentliche Ziel und hielt in einem abgelegenen Gewerbegebiet an, so gab es keine Zeugen für das Trauerspiel. Die Mopeds wurden rasch abgeladen, und die Biker fuhren damit los.

Einige der Rocker toppten das Ganze noch mit einer großartigen Nummer: Sie führten tatsächlich ein »Plastikschäufelchen« in der Seitentasche ihrer Kampfhose mit sich. Damit kratzten sie den Straßendreck zusammen, bepuderten ihr Bike und ihre Klamotten, dass sie schmutzig aussahen – als wären sie gerade Hunderte von Kilometern gefahren. Dumm war nur, wenn von zehn Bikes, die angeblich die gleiche Strecke gefahren waren, drei schmutzig und der Rest sauber waren. Damit war die Show aber noch lange nicht zu Ende, denn die harten Jungs mussten noch von ihren Bikes absteigen! Mit gequältem Gesicht hievten sie sich selbst herunter, die ersten Schritte waren phantastisch: Breitbeinig, mit Händen am Hintern – weil es ja so weh tat. Ein filmreifer Auftritt, jede Schauspielschule hätte sich um diese Jungs gerissen! Am Ziel angekommen, wurden erst einmal alle Brüder mit Handschlag begrüßt. Danach ging es zum Bierstand und zum Würstchengrill. Jetzt konnte die Party beginnen.

Jedes Wochenende finden weltweit bestimmt zwan-

146

zig Partys statt. Allein in Deutschland kann mindestens einmal pro Woche gefeiert werden: mal liegt ein Jahrestag an, mal wird ein Hangaround zum Prospect ernannt, mal ein Prospect zum Member. Und dann gibt es noch Weihnachts- und Neujahrsfeiern. Falls es gerade einmal keinen offiziellen Anlass gibt, sucht man eben einen, denn ein Hells Angel ohne Party ist kein Hells Angel.

Bei den Clubpartys wird zwischen internen und öffentlichen Partys unterschieden. Die öffentlichen Partys werden in Biker-Zeitschriften oder in Internet-Foren bekanntgegeben. Hier können alle möglichen Leute ins Clubhaus kommen – meist Mitglieder anderer Motorrad-Clubs, Frauen oder Biker-Freunde. In den größeren Städten, wie Hamburg, Berlin oder Frankfurt, kommen ab und zu auch Prominente zu den Veranstaltungen.

Ein Sympathisant der Hells Angels in Berlin ist beispielsweise Ben Becker. Am 15. September 2002 hielt er eine Lesung aus dem Buch *Hell's Angels – mein Leben* von Sonny Barger in Berlin. Für die Presse posierte er zusammen mit dem Cluboberhaupt Barger vor den Kameras. Später, bei Partys, kam es vor, dass er mit den Hauptstadt-Brüdern im Member-Raum saß. Ich fand das nicht toll, weil dieser Raum allein Clubmitgliedern vorbehalten ist, doch die Berliner Hells Angels sahen das anders. Sie schätzten ihn, weil er mal das Lied »Hell's Angel« geschrieben und gesungen hatte. Darin himmelte er uns geradezu an, zum Beispiel in Zeilen wie:

i'd love to be a
hells angel
[...]
wild und gefährlich
[...]
ich wär so gerne
ein hells angel
ich wär so gerne so wie du

Ben Becker, »Hell's Angel®«, aus dem Album: Ben Becker and the
Zero Tolerance Band, »Wir heben ab«, 2001 (Quelle: www.ben
becker.de, verlegt bei Universal Publishing / Edition Dörte Becker /
BMG UFA. © 2001 Sing Sing / BMG Berlin Musik GmbH)

Die öffentlichen Partys bringen jede Menge Geld, denn
die Gäste müssen für alles zahlen: Essen, Getränke,
bei einigen Chartern auch mal Mädchen und Drogen.
Meist verkauften wir schon am Eingang Wertmarken
für Speisen und Getränke, denn an den Theken wurde
kein Bargeld entgegengenommen. So konnte niemand
sagen, dass beispielsweise Wechselgeld falsch heraus-
gegeben wurde oder dass er zu viel zahlen musste.
Außerdem war diese Form der Abrechnung für die
Bedienungen einfacher.

Bei den Feiern waren neben vielen vögelwilligen
Frauen, die sich extrem aufgebrezelt hatten, immer
auch Schmiermichel zugegen. Die Zivil-Bullen waren allerdings nicht immer einfach zu erkennen. Viele
verkleideten sich, trugen lange fettige Haare und eine
abgetragene Rocker-Kluft. Aber es gab auch einige, die

Lesung mit Ben Becker und Sonny Barger
2002 in Berlin (Quelle: imago)

mit Hemdchen von Polo und nagelneuer Lederjacke
kamen. Bei einer Party im Kasseler Clubhaus hatte ich
mal zwei von ihnen erwischt. Die standen in der Nähe
der Tür und schauten sich um; beide hatten eine Cola
in der Hand. Ich wollte es mir nicht nehmen lassen:
Ich ging auf die beiden zu und klopfte dem einen auf
die Schulter. Dann tastete ich ihn von oben bis unten
ab. Der Typ hatte doch tatsächlich eine Kanone in der
Hose stecken. Ich schaute beide an und sagte, dass sie
genau zwanzig Sekunden Zeit hätten, den Laden zu
verlassen. Die beiden waren sofort weg – in weniger
als zwanzig Sekunden.

Die meisten Frauen, die auf unseren Partys herumlun-
gerten, waren voller Glitzerzeug, trugen einen kurzen

Rock und hatten aufgeklebte Biotop-Nägel. Eigentlich hätten sie sich gleich auf die Stirn tätowieren lassen können: »Ich will gefickt werden.« Ständig versuchten sie, einen Hells Angel abzuschleppen. Widerlich, aber bei manchen Membern funktionierte diese Masche ...

Hinter dem Kasseler Clubhaus hatten wir das ganze Jahr über einen Wohnwagen stehen. Der war ziemlich heruntergekommen, eine echte Ranzbude. Doch auf den Partys war das vielen Brüdern egal: Sie gaben sich die Klinke in die Hand, standen vor dem Ding fast Schlange. War der eine fertig, stand der nächste mit einer Alten schon davor.

Um etwas Geld zu verdienen, setzten wir früher ab und zu ein oder zwei Mädchen aus unseren Puffs in den Wohnwagen – ein Riesengeschäft. Bei größeren Partys reichte der Wohnwagen allerdings nicht mehr. Wir besorgten uns einen Container, richteten ihn mit bunten Lichtern her und stellten eine rote Laterne davor. Denn wir wussten: Ab einem bestimmten Promillepegel wollte jeder Mann Saft ablassen.

Im Clubhaus lief immer Musik. Doch die meisten der gefährlichen Jungs trauten sich nicht zu tanzen. Dabei ging es einfach nur um etwas Spaß. Die meisten beschäftigten sich allerdings mit Saufen, Essen und Quatschen. Lustig wurde es immer, wenn Stripperinnen auf die Bühne kamen. Da standen die großen, gefährlichen Jungs gaffend und sabbernd vor der Bühne und glotzten die Mädchen an. Sie schossen Fotos fürs Album zu Hause. Das hatte viel von einer Sex-Messe. Bei den Hells Angels war es allerdings verpönt, bei einem Strip auf die Bühne zu gehen, was folglich auch selten jemand machte. Sobald man sich dort hochbegab, war man auch nur ein Freier – und das wollte natürlich keiner vor den Augen seiner Kumpels sein.

Jeder Mopped-Fan sollte jetzt genauestens aufpassen: Diese öffentlichen Partys werden nicht zuletzt dazu veranstaltet, um mit dem Verkauf von Supporter-Sachen, Essen und Getränken Kohle zu machen. Aber nicht selten werden dabei auch potentielle Opfer ausgespäht. Das kann folgendermaßen funktionieren: Partys der Hells Angels werden von ihren eigenen Leuten, der sogenannten Security, gesichert. Diesen Jungs entgeht nicht, wer mit welchem Bike vorfährt. Dann kann es vorkommen, dass von den Moppeds – ohne dass der Eigentümer es mitbekommt – Fotos geschossen werden; gleichzeitig werden die Nummernschilder aufgeschrieben. Am Ende jeder Party können die Member auswerten, welches Mopped es sich zu klauen lohnt. Dank der guten Beziehungen einiger Hells Angels zur Polizei kann die Halteradresse meist leicht recherchiert werden. Die Örtlichkeit wird ausgekundschaftet und geschaut, wo und wie die Bikes abgestellt waren. Alles Weitere ist dann ziemlich einfach: Ein Bus fährt vor, ein paar Mann steigen aus und packen das Bike hinein. Kurz darauf beginnt die Zerlegung des Fahrzeugs. Was nicht gebraucht wird, landet in der Schrottpresse. Der Motor wird auseinandergebaut ebenso wie das Getriebe und das Gehäuse. Am Ende wird das geklaute Zeug verkauft. Und der Besitzer hat überhaupt keine Ahnung, wie der Diebstahl passieren konnte …

Charter-Anniversaries, Member-Geburtstage, Jubiläen und Weihnachtsfeiern werden ausschließlich unter Hells Angels gefeiert. Das sind die internen Clubpartys, bei denen es richtig zur Sache geht und die Kohle rausgehauen wird.

Im November 2004 gab es eine dieser Mega-Partys. Alle Bones-Charter, die 1999 zu den Hells Angels übergewechselt waren, feierten gemeinsam ihr fünfjähriges Bestehen, außerdem feierte das Charter Hanau seinen ersten Jahrestag. Member aus der ganzen Welt reisten nach Deutschland, um mit uns zu feiern. Sie kamen aus Belgien, Holland, der Schweiz, Skandinavien, Kalifornien, Australien und vielen anderen Ländern.

Für diesen Event hatten wir einen der beiden Hubschrauber flottgemacht. Der Hubschrauber kreiste den ganzen Tag in der Luft; jeder Member durfte mitfliegen. Auf dem Clubgelände in Hanau gab es einen Catering-Service vom Feinsten: Fleisch, Würste, Fisch, Kuchen – es gab alles, was das Rockerherz begehrte. Etwa zweihundert Meter vom Clubgelände entfernt stand eine große Disko, die der Club angemietet hatte – »for members only«. Sämtliche weibliche Bedienungen im Clubhaus und der Disko waren »oben ohne«. Außerdem gab es zwei Kilo Gras der Marke White Widdow und ein Kilo Koks, zu je einem Gramm abgepackt, für die Member zum freien Konsum. Am Abend fand vor dem Clubhaus eine großartige Lasershow statt – mit toller Musik, hübschen Stripperinnen und natürlich Dope bis zum Umfallen.

Derartige Partys bedurften natürlich einer intensiven

Bei Partys durfte ein Feuerwerk nicht fehlen

Vorbereitung, die lange vorher begann. Prospects wurden als Späher eingeteilt, die am Eingang aufpassten. Im Umfeld von zwei- bis dreihundert Metern mussten sie Wache schieben. Zusätzlich wurden Überwachungskameras installiert. Der ganze Aufwand musste sein, damit die Cops oder verfeindete Motorrad-Clubs die Party nicht stürmen konnten. Die Bullen hatten solche Aktionen schon oft versucht, doch zu meiner Zeit hatte dies nie geklappt. Sie endeten meist in großen Lachnummern, zum Beispiel in Bonn.

Um in Bonn auf das Clubgelände zu kommen, muss jeder eine etwa fünfzehn Meter tiefe Schlucht überqueren. Die Überfahrt war durch einen Schiffscontainer, der als Brücke diente, geregelt. Irgendwann kamen die

Schmiermichel auf die Idee, das Clubhaus zu stürmen. Dazu setzten sie einen Panzer-Spähwagen ein, mit dem sie durch den Container fahren wollten. Leider hatten die Kasper nicht beachtet, dass ihr Fahrzeug etwas breiter war, als die Innenmaße des Containers. Nach wenigen Metern steckten sie wie die Maus in der Falle. Ihr Überraschungsmoment war weg, da sie nun über ihren eigenen Panzer krabbeln mussten, um auf das Clubgelände zu gelangen. Den Bonner Membern, die das Spektakel bereits mitbekommen hatten, blieb somit genug Zeit, um alles für den Besuch herzurichten.

Dope und Waffen versteckten wir im Clubhaus – meist im Member-Raum, weil der verschlossen war und rund um die Uhr streng durch Prospects bewacht wurde. Wozu aber brauchten wir bei Partys Waffen, wenn doch nur Brüder zu Besuch waren? Einige Member, zu denen ich mich nicht zählte, fanden es sehr belustigend, im Vollsuff durch die Gegend zu ballern. Auf einer unserer Charter-Partys wurde einmal die gesamte Theke und die Musikbox von Kugeln durchlöchert. Die Geschosse steckten in den Wänden und in der Decke. Es sah aus, als wenn die Bandidos zu Besuch gewesen wären. Doch es waren nur meine Brüder, die einfach Lust auf Schießübungen gehabt hatten. Den Schaden mussten unsere Prospects am nächsten Tag beseitigen: Sie mussten jedes einzelne Projektil aus der Wand popeln, die Löcher spachteln, Wände und Decken neu streichen.

Wenn auf der Party der Stoff ausging, schickten wir

oft einen Prospect los, um rasch neuen zu organisieren. Zu meiner Zeit waren die Kiffer im Club in der Minderheit, die meisten Hells Angels waren Kokser und Säufer. Das Thema Drogen zog sich quer durch den Club. Ich kenne nur sehr wenig Hells Angels, die keine Drogen nahmen. Vor allem bei Veranstaltungen, Meetings und Beerdigungen war immer ein Vorratspack auf oder unter dem Tisch.

In Skandinavien gab es einen Member namens Sven, ein feiner Kerl. Sven war vierundvierzig, als er starb. Im Club betreute er die sogenannte »Big House Crew«, also die Leute, die gerade im Knast saßen. Sven besuchte sie, brachte ihnen Päckchen und kümmerte sich um deren Familienangehörige. Daneben sorgte er auch für die Alten und Kranken im Club. Wurde einem skandinavischen Member bei einem Unfall das Bein abgefahren und er saß anschließend im Rollstuhl, kam Sven regelmäßig zu Besuch. Er überbrachte Geschenke, erledigte Einkäufe und redete mit dem Betroffenen. Bei Meetings setzte sich Sven dafür ein, dass Prothesen oder andere Dinge vom Club bezahlt werden. Er war der Robin Hood unter den Hells Angels. Aber natürlich war Sven nicht nur ein Engel. Wie jeder Hells Angel machte auch er krumme Geschäfte. Einmal wurde er beispielsweise von Interpol in Washington gesucht, weil er einen Mordauftrag umsetzen sollte, doch sie haben ihn nicht gekriegt. 2005 sah ich Sven zum letzten Mal, als er in Kassel zu Besuch war. Ein Jahr später erfuhr ich von seinem Tod. Er hatte einen Motorrad-Unfall und kam schwer verletzt in ein Krankenhaus.

In seinen letzten drei Minuten war ein Bruder bei ihm, dem Sven sein Vermächtnis diktierte.

Sven wollte in einem offenen Sarg in seinem Clubhaus aufgebahrt werden, sechs Prospects sollten dabei Totenwache stehen. Danach wollte er verbrannt werden. Sven wollte, dass seine Asche mit hundert Gramm erstklassigem holländischem Koks und hundert Gramm skandinavischem Speed vermischt wird. Jeder seiner Brüder, der Lust hatte, sollte es sich in die Nase ziehen. Den Rest sollten seine skandinavischen Brüder auf einem Schiff aufs Meer bringen und auf dem Wasser verstreuen. Seine letzten Gedanken gehörten dem Club, seinen Brüdern. Am Ende seines Briefes wünschte er uns allen Lebewohl.

Alle Charter weltweit wurden zu seiner Beerdigung eingeladen. Für mich war es eine Pflicht, dort zu erscheinen. Ich rief meine Kasseler Brüder zusammen, und wir organisierten die Tour. Wir machten uns also auf den Weg nach Kopenhagen, wo wir unsere dänischen Brüder trafen. Nach einem kurzen Zwischenstopp fuhren wir am nächsten Morgen nach Schweden zum Clubhaus. Als wir dort ankamen, waren schon viele Brüder aus der ganzen Welt anwesend. Das Clubhaus war brechend voll, in den Straßen rund herum standen zahlreiche Motorräder. Prospects leiteten Motorrad-Freunde aus anderen Clubs um, die an der Beerdigung teilnehmen wollten, die mussten zum Teil in weit entfernten Straßen parken.

Gegen Nachmittag ging die Show los: Das Auto mit Svens Sarg verließ das Clubgelände, dahinter fuhren die Brüder seines Charters mit ihren Harleys, gefolgt von den dänischen, den finnischen und den norwegischen Hells Angels. Erst danach reihten wir uns ein. Insgesamt waren bestimmt fünfzehntausend Biker unterwegs: Der Korso zog sich über vierzig Kilometer – Motorrad an Motorrad in Zweierreihen. Ich war in meinem Leben wirklich schon auf vielen Beerdigungen, aber so etwas hatte ich noch nie erlebt! Wir fuhren zu einer kleinen schwedischen Kapelle etwa hundert Kilometer vom Clubhaus entfernt. Sven hatte sich gewünscht, dass dort seine Trauerfeier abgehalten würde. Nach der Veranstaltung wurde sein Sarg ins Krematorium gebracht, seine Leiche verbrannt und mit Koks und Speed vermischt. Ein paar Tage später brachten Svens Brüder seine Asche aufs Meer – genau so, wie er es sich gewünscht hatte.

Trip nach Amerika

Die zwei wichtigsten Partys, bei denen ein wahrer Hells Angel eigentlich niemals fehlen darf, sind der Euro-Run und der World-Run. Der Euro-Run findet einmal im Jahr statt. In Europa. Die Kosten für diese Mega-Party wurden aus der Europa-Kasse beglichen. Der World-Run ist abwechselnd in Übersee und in Europa. Von jedem Charter muss mindestens ein Member teilnehmen. Offizieller Beginn ist der Freitag, Ende ist am Sonntag. Einige Member reisen allerdings schon früher an, manche bleiben länger.

Ich war während meiner Zeit bei allen World-Runs, Euro-Runs und auch bei jedem Germany-Run. Aber besonders in Erinnerung blieb mir der World-Run 2006 in Cody, Wyoming. Ich wollte unbedingt dorthin, und niemand konnte mich von diesem Trip abhalten, obwohl ich genau wusste, dass es für einen vorbestraften Hells Angel wie mich schwierig würde, in die USA einzureisen. Meist wurde man von den amerikanischen Polizisten bei der Einreise am Flughafen entdeckt, in Abschiebegewahrsam gesteckt und in das nächste Flugzeug nach Hause gesetzt. Deshalb begann ich schon im Februar mit meinen Vorbereitungen. Ich überlegte mir, wo ich einreisen wollte und wie es von dort aus weitergehen sollte. Unter falschem Namen buchte ich einen Flug von Frankfurt nach Washington DC. Von dort wollte ich weiter nach Las Vegas, Boston und später Los Angeles fahren und von dort direkt nach Cody.

Zur gleichen Zeit begannen auch die Cops in Amerika, sich auf den Event vorzubereiten. Die amerikanischen Zeitungen berichteten oft darüber. In einem Beitrag der *The Billings Gazette – Montana & Wyoming News* vom 30. Mai 2006 hieß es, dass sie mit tausend Hells Angels rechneten. Zwei Polizeichefs diskutierten unter der Überschrift »Cody rüstet sich für die Hells Angels« über das, was kommen würde. Sie malten zwei Szenarien aus: Entweder würde es eine friedliche Veranstaltung mit nur kleineren Streitigkeiten werden, oder es würde zu gewalttätigen Vorfällen kommen, die in tödlichen Konfrontationen enden könnten. Die Regierung von Wyoming, so stand es in dem Bericht, stellte fünfhunderttausend Dollar für die Sicherheit der Einwohner Codys bereit. Neben dem Militär und der Luftwaffe wurden SWAT-Teams – taktische Spezialeinheiten, die für Sondereinsätze ausgebildet sind –, Polizisten aus Montana, Utah und Colorado, Bundespolizisten, US-Marshals, FBI-Agenten, Zollbeamte und private Sicherheitsfirmen angefordert. Von all dem bekam ich in Deutschland nichts mit; ich bereitete mich weiter auf meinen Trip vor.

Zwei Tage vor Abreise buchte ich die Flüge auf meinen Namen um. Ich musste mich tarnen und meine Tattoos bedecken. Ich besorgte mir Theaterschminke für die Hände, trug Jeans, Sakko und darunter ein hochgeschlossenes Hemd mit langen Ärmeln. Ich setzte eine Brille mit Fensterglas auf und nahm mir eine Gehhilfe mit. Ich dachte, das käme geschmeidiger. Führerschein und Personalausweis ließ ich zu Hause. Ich nahm nur ausreichend Dollar und einen alten Reisepass mit. Mein Gepäck war ein Koffer mit Sommerklamotten und eine Reisetasche, in der ich meine Kutte versteckte.

Das Einchecken in Frankfurt lief völlig glatt, im Jumbo schlief ich fast die ganze Zeit, denn ich musste für die nächsten Etappen fit sein. Doch kaum war ich in Washington angekommen, begannen die Probleme: Ich wurde fotografiert und musste Fingerabdrücke abgeben. Sie erstellten elektronische Fingerprints. Mein Gepäck wurde mit einem leuchtend roten Band gekennzeichnet. Die Einreisebehörde fragte mich, wo ich hinwollte, wo ich wohnen würde, wie viele Dollar ich dabeihätte und wie lange ich vorhätte zu bleiben. Ich hatte in jeder Stadt ein Hotel gebucht und zeigte ihnen meine Reservierungen. Als Grund meiner Reise gab ich eine Rundreise durch die USA an. Ich erzählte ihnen, dass ich mir mit dem vielen Geld ein Auto kaufen wollte. Zwei bis drei Wochen hatte ich für den Trip eingeplant.

Die Beamten waren zufrieden – erst einmal. Sie brachten mich in eine separate Abteilung des Flughafens. Dort folgte das nächste Verhör. Sie telefonierten, tippten Sachen in den Computer und telefonierten wieder. Sie wussten nicht, was sie mit mir machen sollen. Das ganze Prozedere dauerte über eine Stunde. Ich fürchtete schon, meine Tour wäre geplatzt. Da sagte mir ein Beamter, ich könne weiter.

Der Flughafen von Washington ist riesig. Ich musste checken, von welchem Terminal mein Weiterflug abging. Ich stiefelte dorthin. Nach fünfhundert Metern kam die nächste Kontrolle: Fingerprints, Fotos, Fragen. Ich kombinierte: Das musste an den roten Gepäckbändern liegen; die etwas Schlechtes bedeuten mussten. Ich riss sie ab und steckte sie ein.

Der Flug nach Las Vegas war sehr entspannt. Nachdem ich dort angekommen war, fuhr ich direkt in mein Hotel. Duschen und ab auf die Piste. Einige Brüder aus Las Vegas erwarteten mich bereits und zeigten mir ihre Stadt. Wir nahmen ein paar Drinks, und danach ging ich zurück ins Hotel. Ich musste ja schließlich am nächsten Tag weiter nach Boston. Dort am Flughafen war es fast wie in Washington: Es gab ein bisschen Stress, aber die Beamten ließen mich nach Los Angeles weiterfliegen. Nach einer Übernachtung trat ich meinen letzten Flug an: nach Cody. Gegen drei Uhr nachts landete ich. Müde, geschafft, aber am Ziel meiner Träume.

In Cody hatte das Militär den gesamten Flughafen umstellt. Alle Passagiere mussten auf dem Rollfeld aussteigen und wurden von schwerbewaffneten Beamten zum Terminal gebracht. Als ich außerhalb des Flughafengeländes war, zog ich meine Kutte an und riss die Arme hoch. Ich hatte es geschafft!

Cody ist ein Provinzstädtchen mit neuntausend Einwohnern, zehntausend Gäulen, zwanzigtausend Bullen und fünftausend Büffeln. In der städtischen Rodeo-Arena findet jeden Abend und jedes Wochenende ein Rodeo statt. Es gibt eine etwa drei Kilometer lange Hauptstraße, die sich vom Flughafen in S-Form bis zu einem Hügel in Richtung Yellowstone-Nationalpark entlangzieht. Rechts und links dieser Hauptstraße befinden sich Alkoholgeschäfte, Souvenirläden, Saloons, Cowboy-Ausrüster und Motels. In den Seitenstraßen wohnen die Einheimischen. Dort steht eine Disko, fast so groß wie eine mittlere Dorfkneipe in Kassel. Im Buffalo-Bill-Museum gibt es ausgestopfte Büffel und Kojoten zu sehen, daneben Kanonen, Gewehre, Revolver, Uniformen, Indianerzelte und ausgestopfte Indianer-Puppen. Eine ganze Stadt im Western-Style.

Mein erster Tag in Cody begann gegen zehn Uhr morgens. Ich war so zufrieden, dass ich nur vor mich hin grinste. Ich war in Cody, auf dem World-Run – und das ganz ohne Knast. Freudestrahlend ging ich zum Frühstück, freute mich auf gebratenen Speck, Schinken, Käse, Brot, Brötchen, Burger, Steaks, Eier, gebratenen Honigschinken, Orangensaft, Milch, Whiskey, Cola und mehr. Ich hatte einen Mordshunger, Aber von alledem gab es nichts! Nur Orangensaft aus dem Automaten. Daneben standen ein Karton mit Donuts, ein paar Cornflakes, mieser Kaffee und ein paar trockene Rosinenschnecken. Das war also American Breakfast …

Ohne etwas gegessen zu haben, machte ich mich auf den Weg zum Run-Place. In Gedanken bei einem saftigen Steak sah ich einen Saloon. Dort musste es doch etwas Vernünftiges geben! Ich ging dort rein, mein Magen knurrte. Ich setzte mich ans Fenster, mit Blick auf die Hauptstraße, und bestellte mir ein Steak mit Pommes, dazu ein großes Bier. Während ich das Treiben auf der Straße beobachtete, bemerkte ich die vielen Polizisten. Diese patrouillierten die Straße hoch und runter. An jeder Ecke standen mindestens fünf Bullen, richtige Brocken: groß, breit, kräftig, riesige Kanonen, grimmiger Blick. So müssen Cops aussehen! Nicht so schmalbrüstige, verklemmte Hühnchen mit zahnstocherdicken Ärmchen wie in Deutschland.

Nach dem Essen wollte ich zahlen. Als ich die Rechnung bestellte, sagte die Bedienung, dass ein Paar, das in der Ecke saß, schon für mich bezahlt hätte. Ich drehte mich um und sah zwei junge Leute mit Cowboy-Hüten, die mir zuwinkten. Ich, ganz Gentleman, ging zu den beiden hin, um mich zu bedanken. Sie begrüßten mich, als wenn wir uns seit Jahren kennen würden. Sie verwickelten mich in ein Gespräch, wollten wissen, woher ich komme und wie es ist, ein Hells Angel zu sein. Wir bestellten eine Flasche Whiskey, dazu Cola mit Eis. Es war ein anregendes Gespräch. Da der Alkohol schnell zu wirken begann, musste ich irgendwann die Notbremse ziehen und den Saloon verlassen. Außerdem wollte ich endlich zu meinen Brüdern!

Leicht angetrunken lief ich die Straße entlang. Jetzt erst wurde mir bewusst, wie viele Cops unterwegs waren. Die standen wirklich an jeder Ecke, an jeder Kreuzung, vor jeder Kneipe. In den Seitenstraßen waren vergitterte Trucks und rundherum Cops. Es schien, als warteten sie auf Horden von Taliban, die ihr schönes Cody zerlegen wollen. Ich sah Jungs vom SWAT-Team, ATF- und FBI-Agents, Mounties aus Kanada, Immigration-Agents, County-Sheriffs, Police-Officers aus allen Bundesstaaten der USA. Kampfhubschrauber kreisten in der Luft. Es war wie im Krieg – nur dass niemand schoss.

Zweihundert Meter vor dem Eingang unseres Camps umstellten mich acht bis zehn Cops mit gezückter Waffe. Sie sagten, dass sie meine Papiere sehen und mich durchsuchen wollten. Ich gab ihnen meinen Pass, lehnte mich an deren Auto und machte den Adler – das kannte ich ja schon. Die Durchsuchung war sehr gründlich. Sie wollten, dass ich mich bis auf die Boxershorts ausziehe. Sie schossen Fotos von meinen Tattoos, meinen Abzeichen und meiner Kutte. Abschließend musste ich erneut meine Fingerabdrücke abgeben. Sie fragten mich, in welchem Hotel ich wohne und was ich hier mache. Welch blöde Frage!

Als ich noch überlegte, ob sie wirklich eine Antwort wissen wollten, kam ein Bruder aus Santa Cruz mit seiner Harley angefahren, den ich von meiner Fünfjahresfeier in Hanau kannte. Er trug einen Revolver im Holster, für jeden sichtbar. Lautstark beschwerte er sich bei den Cops über meine Behandlung. Keine drei Minuten später ließen sie mich gehen. Ich schwang mich auf die Harley, und wir fuhren auf das Camp-Gelände.

Das Areal befand sich noch im Aufbau, alle waren beschäftigt. Wir stoppten mit der Harley in einem Zelt. Vor uns stand eine fünfzig Meter lange Theke.

Ich wurde freundlich begrüßt. Prospects brachten mir etwas zu essen, zu trinken und zu rauchen. In Ruhe schaute ich mir das Camp an: Ich war der erste Deutsche hier und sah viele Brüder aus der ganzen Welt. Einige kannte ich von vergangenen Treffen. Es gab viel zu erzählen.

Bands waren auf den Bühnen, und rund um die Uhr spielte die Musik. Beeindruckend war der riesige Barbecue-Grill, der vierundzwanzig Stunden am Tag bewirtschaftet wurde. Darauf war alles, was das Rocker-Herz begehrte: Steaks, Burger, Chicken, Schweinespieße, Braten. Bier und Cola gab es in riesigen Eistruhen, richtig Old Style – ganz anders als in Europa. Prospects mit auffälligen T-Shirts waren für die »speziellen« Sachen zuständig und verteilten, was das Herz begehrte. Die Stimmung war ausgelassen: Sex, Drugs & Rock 'n' Roll.

Gegen Abend fuhr ich zurück ins Hotel. Diesmal mit dem Bike, das mir meine Brüder organisiert hatten. Als ich die Lobby betrat, kam mir der Manager entgegen. Er entschuldigte sich tausendmal bei mir und versuchte mir zu erklären, dass er nichts dafür könne. Ich fragte ihn, was denn los sei. Er erzählte, dass, kurz nachdem ich das Hotel verlassen hatte, ein Aufgebot der DEA, der amerikanischen Drogenfahndung, ins Hotel gestürmt war und das ein oder andere in meinem Zimmer zerstört hatte. Ich ging auf mein Zimmer und sah das Chaos: Meine Sachen lagen überall im Raum verteilt, die Reisetasche stand leer auf dem Tisch. Sie hatten das Futter aus dem Koffer herausgeschnitten.

Deo, Shampoo, Seife, Duschgel, Zahnpasta – alles war im Waschbecken ausgeschüttet. Mein Fotoapparat und die Videokamera waren zerbrochen. Die Sohlen meiner Schuhe abgezogen. Ein riesiges Chaos! Der Hotelmanager war entsetzt und meinte, dass er so etwas noch nie erlebt hatte. Ich beruhigte ihn, schickte ihn raus und gönnte mir einen Schluck aus der Minibar.

Ich hatte keine Ahnung, warum die Bullen gerade mein Zimmer auseinandergenommen hatten. Ich vermute, dass sie nach und nach gecheckt hatten, wer alles in ihr schönes Cody eingereist war und dabei auch auf meinen Namen gestoßen waren. Sie werden mein Vorstrafenregister gezogen haben, das länger ist als eine DIN-A-4-Seite. Wahrscheinlich hatten sie auch meine Reiseroute quer durch die USA zurückverfolgt und sich gewundert, in welchen Städten ich haltgemacht hatte. Vielleicht dachten sie auch, dass ich geheime Daten auf Mikrochips in ihr schönes Land gebracht hatte – oder gar Kanonen oder Drogen. Das hätte zwar wenig Sinn ergeben, doch die Bullen denken ja oft ziemlich einfältig … Eines war mir jedoch klar: Die Jungs mussten enttäuscht sein, weil sie in meinen Sachen nichts gefunden hatten.

Ich nahm ein Bad und überlegte mir, was ich nun machen sollte. Ich entschied mich, die Aktion abzuhaken und das Hotel zu wechseln – auf diese Bude hatte ich keinen Bock mehr. Ich schwang mich auf das Bike und suchte ein neues Hotel. Das war gar nicht so einfach, denn fast alle Hotels waren ausgebucht.

Am nächsten Tag plante ich einen Ausflug zum Yellowstone-Nationalpark. Nach dem Aufstehen fuhr ich mit der Harley zum Run-Place. Ich meldete mich bei der Security vom World-Run ab. Meine Brüder erzählten mir alles Wissenswerte über den Trip und empfahlen mir, vorsichtshalber eine Kanone mitzunehmen.

Ein Member begleitete mich zum örtlichen Gun-Shop, wo mir vor Staunen fast die Augen aus dem Kopf fielen. Da lagen etwa tausendfünfhundert Pistolen und Revolver verschiedenster Hersteller. Mir ging das Herz auf: Am liebsten hätte ich alle Waffen gekauft, entschied mich aber für einen Revolver Kaliber 38 Spezial und eine Pistole Colt Gouvernement Kaliber 45, dazu je hundert Schuss Munition.

Der Kauf war kein Problem. Ich musste meine Personalien vorlegen und mir eine kurze Belehrung anhören. Der Member bürgte für mich, und ich unterzeichnete, dass ich den Staat Wyoming nicht verlassen werde und mich an Recht und Gesetz halte. Ich legte achthundert Dollar auf den Tisch, brachte meinen Bruder zurück ins Camp und fuhr los. Ein paar Tage später verkaufte ich die beiden Kanonen übrigens wieder – mit hundertachtzig Dollar Verlust. Das war es mir wert, zumal ich die ganze Munition in den Bergen verballert hatte.

Ich verließ Cody westwärts. Rechts die Rocky Mountains, links der River und mittendrin ich. Es war ein irres Gefühl. Mein Weg führte mich an großen Pferde-Ranches vorbei. Nach eineinhalb Stunden stand ich vor dem Eingang zum Yellowstone-Nationalpark. Ich bezahlte, erhielt eine Übersichtskarte und fuhr weiter.

Nach jeder Kurve wurde ich mit einer neuen, grandiosen Aussicht belohnt. Auf den Bergspitzen lag Schnee, an den Felswänden tropfte Tauwasser herunter. Nach einer längeren Abfahrt sah ich einen See – so groß wie ein Meer: Lake Shoshoone. Atemberaubend!

Irgendwann gegen Mittag fuhr ich an das Ufer des Sees und ruhte mich in der Sonne aus. Es war mächtig heiß, deshalb beschloss ich, schwimmen zu gehen. Also Hose und T-Shirt aus, Kutte an, Kanone in die Shorts und ab ins Wasser. Das mit der Kanone war ein Fehler: Nach wenigen Metern wurde sie schwer und zog meine Short nach unten. Also steckte ich die Kanone in die Kutte und schwamm eine Runde durch das kalte Wasser. Wieder an Land legte mich ins Gras und trank eine Cola. In der Mittagssonne wurde mir schnell wieder warm. Nach einer Stunde fuhr ich weiter. Überall im Park gab es Holzhütten, Zeltplätze, Grillplätze und kaum Verbote – ganz anders als in Europa. Ein tolles Gefühl!

Gegen Abend musste ich tanken. Neben der einzigen Tankstelle im Park stand eine Holzhütte mit Motel-Zimmern, Bar, Angelladen und Souvenirartikeln. Dort erfuhr ich, dass die Tore zum Park um einundzwanzig Uhr geschlossen würden. Ein Blick auf die Uhr zeigte mir, dass ich es nicht mehr zurückschaffen würde. Ich buchte also ein Zimmer für die Nacht. In der Lounge traf ich zwei Mädels mit Rucksäcken. Wir kamen ins Gespräch, und ich zeigte mich von meiner besten Seite. Sie erzählten mir, dass sie aus Kanada kämen und zwei Wochen im Park campen wollten. Sie fragten mich, ob ich mit ihnen fischen gehen wolle. Klar, der See lag ja nur hundert Meter entfernt. Als es dunkel wurde, lud ich sie ein, mit mir auf meinem Zimmer zu übernachten. Sie nahmen das Angebot sofort an. Wir aßen noch etwas zu Abend und schlürften einige Drinks. Dann verschwanden wir gemeinsam. Das Bett war nicht sehr groß, weshalb es sich die beiden auf dem Holzfußboden bequem machten. Es war ein lustiger Abend – obwohl es keinen Sex gab. Nach dem Frühstück trennten sich unsere Wege wieder.

Am nächsten Tag setzte ich meine Tour fort. Ich wollte mir unbedingt noch den Old Smoker anschauen, den bekanntesten Geysir im Park. Nach eineinhalb Stunden kam ich an und war mitten in einem großen Gebiet voller blubbernder Mini-Geysire. Dazwischen standen Elche, Angler, Camper und Touristen; in einiger Entfernung zog eine Bärenfamilie vorbei. Ich beobachtete dieses Naturspektakel und fuhr anschließend wieder zum Run-Place zurück. Es war ein Tag vor der offiziellen Eröffnung des World-Run 2006 – die Party ging weiter.

Cody war mittlerweile brechend voll, die Stadt platzte aus allen Nähten. Es gab kein freies Hotelzimmer mehr. Nahezu alle Hells Angels aus Amerika und etwa dreihundert aus Europa waren gekommen. Tausende von Dollars wechselten den Besitzer, zur Freude der Einwohner. Überall wurde gefeiert, und alle hatten Spaß. Für die einheimischen Girls war es das größte Erlebnis in ihrem Leben. Sie kannten ja nichts anderes als Rodeo, Stiere und Cowboys. Und plötzlich herrschte der absolute Überfluss an strammen Männern aus allen Ländern der Welt. Und diese Männer waren mehr als willig … Das schmeckte den heimischen Boys natürlich gar nicht, und es kam zu Rangeleien, so dass der ein oder andere Cowboy mit einem blauen Auge herumlief. Einige Brüder, die an diesen Handgemengen beteiligt waren, kamen ins Gefängnis – und nur gegen äußerst hohe Geldstrafen wieder raus: je höher desto schneller.

Am Tag der offiziellen Eröffnung befanden sich fast alle Member auf dem Run-Place. Es war eine gigantische Feier. Ich fühlte mich unglaublich wohl: die vielen Nationen, die unterschiedlichen Persönlichkeiten, das gemeinsame Erlebnis. Es wurde alles aufgetischt, was wir wollten. Großartige Live-Musik wurde gespielt, der ein oder andere Hells Angel griff selbst zur Gitarre oder zum Schlagzeug. Im Zelt gab es Stripperinnen. Ich war glücklich und zufrieden.

Am nächsten Morgen – eigentlich war es schon Mittag – ging ich ins Tattoo-Zelt und ließ mir das obligatorische World-Run-Tattoo stechen. Das kann sich jeder Member gratis stechen lassen, es ist aber keine Pflicht. Ich ließ sie mir nur stechen, wenn mir das Motiv gefiel. Cody hatte ein besonders schönes Tattoo: Darauf war der Dead-Head zu sehen, mit einem Geweih anstelle der Hörner. Nach eineinhalb Stunden trug ich es auf meiner rechten Wade. Danach trottete ich zum Frühstück ins Catering-Zelt. Ich traf mehrere Member aus den USA, wir unterhielten uns angeregt. Ein sehr alter Bruder aus Kalifornien forderte mich zu einem

In Cody ließ ich mir dieses World-Run-Tattoo stechen

Duell heraus. Es ging darum, den letzten Zug eines Joints aufzurauchen. Der Joint war schon zu einem kleinen, kümmerlichen Teil geschrumpft, meine Fingernägel wurden heiß. Ich konnte meine Lippen nicht mehr so dünn machen, um daran zu ziehen, da klopfte mir mein Bruder auf die Schulter. Er quetschte noch einen winzigen Rest Zug aus dem Joint. Wir freuten uns wie die kleinen Kinder. Dann kamen die Schnapsflaschen auf den Tisch, und es ging rund. Der nächste Abend war genauso, nur noch lauter, noch besser, noch mehr Alkohol und noch mehr Stoff. Am Ende gab es ein phänomenales Feuerwerk.

Unangenehm wurde es nur, wenn die Sprache auf Deutschland kam: Die amerikanischen Member fragten mich, wo denn die zwanzig anderen Deutschen seien, denn außer mir befand sich keiner mehr auf dem Gelände. Vielleicht waren sie im Hotel oder in der Disko: Ich wusste es nicht. Die Resonanz aus Deutschland war wie immer ohnehin sehr gering: Cody sollen mehr Schweizer als Deutsche besucht haben – obwohl es damals in der Schweiz nur drei Charter gab. Die Amerikaner fanden das überhaupt nicht gut. Auch verurteilten sie den Zusammenschluss der Bones mit den Hells Angels ebenso wie die ungezügelte Expansionssucht einzelner Charter oder das respektlose Verhalten in der Angelegenheit Schoko-Schorsch. Ich musste mich schämen, ein deutscher Hells Angel zu sein! Nach einiger Zeit glätteten sich die Wogen, und die Freude über dieses riesige Fest überwog.

Während des World-Runs gab es eine große Rodeo-Show in der örtlichen Arena, bei der zwei Member aus Kalifornien teilnahmen. Das ließ ich mir natürlich nicht entgehen! Das Spektakel begann um zwanzig Uhr. Ich schob mir also die Harley unter den Hintern und fuhr hin. Als ich vor der Arena eintraf, fielen mir sofort die

Hundertschaften an Cops auf. Doch davon ließ ich mich nicht mehr beeindrucken. Ich fuhr direkt vor den Eingang, schob den Seitenständer des Moppeds nach unten und stieg gekonnt ab. Die Eintrittskarte kostete fünfzehn Dollar. Ich holte mir noch einen Hot Dog und ein Bier und ging in die Arena.

Dort stand ein riesiger Büffel. Das Biest war so groß wie zwei bayerische Ochsen und stank so stark, dass mir fast die Luft wegblieb. Um das Tier herum waren maßgeschneiderte Gitter aus oberarmdicken Stahlrohren gebaut. Als ich das Tier weiter betrachtete, fiel mir sein riesiger Schwanz auf, der so lang war wie mein Arm und genauso dick. Darum herum schwirrten Dutzende dicker Fliegen, und zu allem Überfluss fing der Büffel dann auch noch an zu pinkeln – als würde ein dicker Feuerwehrschlauch aufgedreht. Unter dem Büffel bildete sich eine Pfütze, gelb mit Schaumkrone, darüber kreisten Fliegen. Viele Rodeo-Besucher ließ das völlig unbeeindruckt: Sie setzten ihre Kinder auf das Monster und machten Fotos.

Ich gesellte mich zu meinen Brüdern – wir waren etwa hundertfünfzig Hells Angels – auf der Tribüne. Die Stimmung war ausgelassen. Als die Show begann, nahmen dreihundert Cops auf der gegenüberliegenden Seite Platz. Alle Ein- und Ausgänge wurden bewacht. Der Stadionsprecher begrüßte erst uns, dann das Volk und zum Schluss die Cops. Er bedankte sich in unserem Namen und im Namen der Einwohner für die außerordentlich großzügigen Sicherheitsvorkehrungen der Staatsmacht und eröffnete die Rodeo-Show.

Zunächst sollten alle Kinder in die Arena kommen, wo lauter Schäfchen mit roten Schleifen am Hals losgelassen wurden. Die Kinder sollten sich die Schleifen schnappen. Dann kamen die Cowgirls an die Reihe: Sie galoppierten auf ihren Gäulen durchs Oval, führten einige Kunststücke vor und sprangen hoch und runter. Es sah recht spektakulär aus, wie die Girls so breitbeinig, wild und äußerst geschickt ihre Gäule zu Höchstleistungen antrieben – vielleicht eine Art Peep-Show des Wilden Westens. Jedenfalls waren Mädchen dabei, die ich nicht vom Gaul gestoßen hätte …

Bei den Männern sah es schon wesentlich schwieriger aus, wie sie versuchten, mit einem Pferd unterm Hintern und einem Lasso in der Hand ein Rind einzufangen. Die Hauptattraktion des Abends: Bull Riding. Zuerst kamen die einheimischen Jungs dran. Ein paar waren richtig gut auf dem dicken Bullen, eine ganze Menge fiel aber auch böse auf die Schnauze. Und dann kündigte der Stadionsprecher endlich unsere beiden Brüder an. Wir standen alle auf, um sie anzufeuern. Die Hupe zum Start hallte durch die Arena, das Gitter sprang auf, und der Bulle raste mit dem Member heraus. Nur Millisekunden später lag er schon unter dem Vieh. Der Bulle tobte im Oval, und unser kalifornischer Bruder lag wie tot auf dem Boden. Während Sanitäter ihn auf eine Trage legten, gingen einige andere Brüder und ich in die Vorhalle der Arena. Wir wollten wissen, was los war. Doch da lag er schon im Rettungswagen. Später stellte sich heraus, dass unser Bruder sich Arm und Schulter zertrümmert hatte.

Mein Ehrgeiz war geweckt. Diese Blamage konnten wir nicht auf uns sitzen lassen. Wir mussten es allen zeigen. Ich wollte selbst reiten und unsere Ehre verteidigen. Es begannen wilde Diskussionen. Meine Brüder redeten auf mich ein, auch die Schiedsrichter und der Veranstalter waren dagegen. Doch ich wollte unbedingt den Bullen reiten. Lieber tot als Zweiter! Die Diskussionen endeten damit, dass der Veranstalter mir erklärte, dass ich aus versicherungstechnischen Gründen an diesem Tag keinen Bullen besteigen dürfe. Ich schäumte vor Wut und Enttäuschung. Heute denke ich mir: Glück gehabt!

Nach etwa zwei Wochen USA trat ich meinen Rückflug nach Deutschland an. Es war der beste Trip meines Lebens!

HÖLLENRITT

Der letzte Deal – ohne mich

Ich war immer unbequem und sagte stets das, was ich wirklich dachte. Ich war gegen die Aufnahme von Schoko-Schorsch im Club, gegen die Kommission und gegen die unkontrollierte Expansion der Charter in Deutschland. Viele Abstimmungen auf den Meetings scheiterten häufig an meiner fehlenden Stimme. Über die Jahre hinweg hatte ich es mir deshalb mit vielen deutschen Membern verscherzt.

Ich lebte nach den Regeln der Amerikaner und wollte den Ursprungsgedanken des Clubs erhalten. Ehrlichkeit, Vertrauen und Aufrichtigkeit waren für mich das Wichtigste im Club. Nur nach diesen Werten wollte ich leben. Und ich forderte von anderen Hells Angels, das Gleiche zu tun. Doch der überwiegende Teil von ihnen versuchte, in erster Linie ihre eigenen Geschäfte durchzuziehen. Sie führten die Kohle an ihren Brüdern vorbei und steckten sie in ihre eigene Tasche. Das hatte ich regelmäßig auf unseren Sitzungen angeprangert, immer und immer wieder.

Vor allem bei einigen meiner Kasseler Brüder fielen mir der zunehmende Egoismus und der fehlende Zusammenhalt auf. Fast jeden Mittwoch, an unserem Sitzungstag, sprach ich die Missstände offen an. Auf

179

einem Zettel hatte ich die Punkte notiert, die mir aufgefallen waren und tierisch gegen den Strich gingen. Ich sprach sie nacheinander an und forderte meine Brüder zur Rechenschaft auf, aber sie leisteten sich immer wieder neue Dinger.

Einer unserer Member beispielsweise wollte seine Söhne in den Club bringen. Sie sollten auch Hells Angels werden. Ich war dagegen, da ich beide für ungeeignet hielt: keine Kraft, keinen Mut, nur Mist im Kopf. Leute wie seine Söhne konnten wir wirklich nicht gebrauchen. Eines Tages bekam ich einen Brief von der Bußgeldstelle: ein Knöllchen, weil jemand mit unserem Clubbus zu schnell gefahren war. Als ich mir das Foto ansah, erkannte ich die beiden – ihr Vater hatte ihnen den Autoschlüssel gegeben. Ich stellte ihn zur Rede, weil es einfach nicht geschehen durfte, dass Externe unseren Clubbus benutzten. Ich machte ihm unmissverständlich klar, dass es auch für seine Söhne besser sei, wenn sie nie wieder den Bus benutzten. Er sagte dazu nichts.

Andere Member hatten große Probleme mit Drogen. Joe wurde sehr aggressiv, wenn er gekokst hatte. Doch immer wenn Schlägereien oder Überfälle anstanden, glänzte er mit Ausreden. Einmal war er in Italien, dann wieder auf Geschäftsreise oder vor Gericht. Sein Suff und das Koks zerstörten ihn. Er hatte oft von anderen Schläge auf den Kopf bekommen. Als Hells Angel lasse ich mich nicht schlagen – da schlage ich.

Einmal bat er uns um Hilfe. In einem Motorrad-Club bei Paderborn hatte er wieder einmal zu viel gesoffen und gekokst. Die Jungs hatten ihn verprügelt und ihm seine Kutte abgenommen. Das roch schwer nach Ärger! Ich trommelte also alle Brüder zusammen, und wir fuhren hin. Dort angekommen stürmte ich vorneweg ins Clubhaus rein. Da saßen etwa fünfzehn oder zwanzig Leute, die ziemlich ängstlich dreinblickten. Alle hatten lange Haare, dicke Bärte. Der Raum war voller bunter Lichter. Ich fragte, wer hier was zu sagen hatte. Sie antworteten: alle. Ich fühlte mich verarscht, es musste doch einen Präsidenten geben. Doch sie erklärten mir, dass sie Mitglieder einer Band seien und nur Musik machten. Ich legte denen zwanzig Euro auf den Tisch und sagte, dass sie vergessen sollen, dass wir je da waren.

Joe hatte die Örtlichkeiten verwechselt! Ich fand die Nummer des Präsidenten vom Club heraus und verabredete mich mit ihm. Er erzählte mir, dass Joe an dem Abend völlig besoffen war und Ärger gesucht hatte. Er hatte seine Kutte selbst in die Ecke geworfen und der Frau eines Members an die Titten gefasst. Später bestätigte auch Joe diese Version. Ich suspendierte ihn.

Auch Spitzki musste ich oft suspendieren. Als Drogendealer war er selbst sein bester Kunde. Er zog sich alles, was er an Stoff hatte, durch die Nase, bis er keine Luft mehr bekam und seine Nase unkontrolliert lief. Zugedröhnt ging er nicht mehr auf die Toilette und urinierte an Ort und Stelle. Irgendwann reichte mir das: Ich wollte meinen Bruder und Freund nicht mehr so sehen. Ich besorgte ihm einen Platz in der Drogentherapie. Als ich ihm das abends auf unserer Clubsitzung erzählte, fing er an zu heulen und zu jammern. Bei der Therapie ist er leider nie aufgetaucht; ich musste ihn suspendieren. Meinen Versuch, ihm zu helfen, hat er mir sehr übelgenommen.

Einige Member meines Charters hatten also gute Gründe, sauer auf mich zu sein. Als ich im Urlaub am Meer war, fanden sie endlich eine Möglichkeit, mich loszuwerden. Vor meiner Abreise hatte sich nämlich folgende Geschichte ereignet, von der ich erst viel später erfahren sollte: Trick, ein guter Bekannter von mir, und Track, ein ehemaliger Prospect aus Kiel, lernten in Spanien einen Engländer kennen. Dieser bot den beiden an, für ihn Kokain von Holland nach England zu schmuggeln; mit einer Tour sollten sie etwa zehn Scheine verdienen. Mein Bekannter und Track nahmen diesen Job gerne an und fuhren zusammen mit ihren Frauen zwei oder drei Touren. Doch dann hintergingen sie den Engländer: Statt nach England fuhren sie mit dem Stoff von Holland aus nach Kassel, um ihn dort selbst zu verkaufen und den Gewinn einzustecken. Die dreißig Kilo Koks versteckten sie in einer Garage. Dann holten sie Spitzki ins Boot, der das Dope verkaufen helfen sollte. Da er das niemals allein auf die Reihe gekriegt hätte, weihte er einen Frankfurter Hells Angel ein. Die beiden verkauften nun nach und nach einen Teil des Kokains äußerst gewinnbringend.

Im Laufe der Zeit fiel jedoch auf, dass Spitzki und der Frankfurter plötzlich über sehr viel Geld verfügten, zumal beide normalerweise chronisch pleite waren.

Während ich am Strand war und mit der schönen Melina poppte, zeigten sich die beiden unseren Brüdern gegenüber reuig. Sie mussten schließlich erklären, woher sie das ganze Geld hatten. Bei einem Meeting in Kassel legten sie fünfzehntausend Euro auf den Tisch.

Zuvor hatte sich Spitzki jedoch eine schöne, aber leider unwahre Geschichte einfallen lassen: Er erzählte den Membern, dass Track und ich uns Waffen besorgt und damit einen Russen überfallen hätten. Dabei hätten wir das Kokain erbeutet. Spitzki sollte das Dope anschließend für mich verkaufen, und weil er das nicht allein machen wollte, weihte er den Frankfurter ein. Nun aber hätten die beiden ein schlechtes Gewissen bekommen und wollten den Verkaufsgewinn abgeben.

Eigentlich war das keine schlechte Story, doch sie war leider erstunken und erlogen. Spitzki hatte später ein Verfahren wegen der Dealerei an der Backe, bei dem die Wahrheit ans Licht kam. Für mich war es da aber schon zu spät …

Fakt ist: Wer seine Brüder betrügt, ist out – und das völlig zu Recht. Aber nicht die beiden, sondern ich hatte laut deren Geschichte betrogen. Das kam den meisten ziemlich recht. Sie wussten, dass ich mich nicht mehr würde rechtfertigen können, wenn ich erst einmal out wäre. Deshalb stimmten sie noch in meiner Abwesenheit ab. Sie trauten sich nicht, mich von Angesicht zu Angesicht mit den angeblichen Vorwürfen zu konfrontieren. Stattdessen schrieben sie Mails an alle Hells-Angels-Charter weltweit: »Betreff: Bad Boy Uli ist out«. Eine Begründung dafür mussten sie nicht liefern, und es durfte auch niemand nachfragen. Denn bei solchen Entscheidungen agiert jedes Charter völlig unabhängig von den anderen. In meiner Abwesenheit machten sie mein Out wasserdicht.

Als ich aus meinem Urlaub zurückkehrte, nutzten meine ehemaligen Brüder meine Arglosigkeit aus und überfielen mich in meiner Wohnung. Sie nahmen mir meine Clubsachen ab, sogar den Schlüssel für das Mopped. Dann riefen sie meine Schwester an und drohten ihr mit dem Tod, falls sie nicht den Fahrzeugbrief für die Harley bekämen.

Wurde ein Member aus dem Club geworfen, hieß das, dass er out war. Für jeden aus der Szene war klar: Der hat sich etwas zuschulden kommen lassen. Sofort nach dem Rauswurf musste er seine Tattoos entfernen lassen – entweder schwärzen oder übertätowieren. Sie durften auf keinen Fall mehr erkennbar sein. Macht er das nicht freiwillig, wird er überfallen. Zu meiner Zeit wurden diese Ex-Member oft in einen Bus geschleppt, damit alle Club-Tattoos schwarz übertätowiert werden konnten.

Bei Out gab es noch eine weitere Abstufung: »Out in bad standing«. Das bedeutet vogelfrei, auch für andere Clubs. Das waren die Leute, die dem Club geschadet hatten. Laut Spitzkis Geschichte hatte ich diesen Status verdient. Deshalb muss ich jetzt damit rechnen, von allen Hells Angels, denen ich begegne, attackiert zu werden – mit einem Messer, einem Backstein, einer Bratpfanne oder auch einer Kanone. Sonst müssten sie befürchten, ebenfalls rauszufliegen.

An sich ist das auch okay so. Aber in meinem Fall wurde mir etwas angehängt, und ich erhielt keine Chance, das aufzudecken. Ich halte das für einen Fehler im System der Hells Angels, denn heute bin ich davon überzeugt, dass ich mit Sicherheit nicht der Einzige bin, der – ohne überhaupt zu wissen warum – zu Unrecht aus dem Club geflogen ist und für den seine ehemaligen Brüder dann zu einer ständigen Bedrohung geworden sind.

Weder meine ehemaligen Kasseler Brüder noch die Hells Angels Germany oder die Member anderer Motorrad-Clubs haben sich bisher getraut, mich anzugreifen. Ich glaube, dass sie es auch in Zukunft nicht wagen werden. Denn sie wissen, dass ich bis zum letzten Atemzug kämpfen werde. Und ihnen muss klar sein, dass ich meine Tattoos behalten und zeigen werde. Solange ich lebe.

Unter Polizeischutz

Der Staatsanwalt kannte mich bereits aus meiner Drogen-Vergangenheit. Er hatte mich angeklagt, ich wurde verurteilt. Damals dachte ich, dass ich niemals freiwillig mit einem Staatsanwalt reden könnte, denn die hatten immer dafür gesorgt, dass ich in den Knast musste. Wegen denen hatte ich viel Geld verloren und musste mich immer wieder neu um meine Geschäfte und meine Mädels kümmern.

In unserem Gespräch erklärte er mir, dass er ein Ermittlungsverfahren gegen mich einleiten müsste – wegen der angeblichen Drogensache und dem Überfall auf die Russen. Dazu sei er von Amts wegen verpflichtet. Straftatbestand: bewaffneter Raubüberfall und Verstoß gegen das Betäubungsmittelgesetz. Ich sah der Sache völlig entspannt entgegen, schließlich konnten sie mir diesmal absolut nichts anhängen.

Der Staatsanwalt verlangte von mir Kooperation und absolute Ehrlichkeit. Alles musste auf den Tisch, ohne Wenn und Aber, lückenlos, denn nur so sei ein Schutz meiner Schwester möglich. Er belehrte mich, dass er automatisch auch gegen mich ermitteln müsste, sobald ich mich selbst einer Straftat bezichtigte. Ich willigte ein.

Nachdem meine Schwester und ich die Kanzlei verlassen hatten, nahm der Staatsanwalt Kontakt zu zwei ihm vertrauenswürdigen Beamten auf. Die beiden waren vom ZK 44, dem Zeugenschutz. Sie sollten mit uns Sondierungsgespräche führen, um das ganze Ausmaß der Geschichte zu erkennen.

Der erste Treffpunkt war eine Raststätte an der Autobahn. Als die Beamten aus ihrem abgedunkelten Audi stiegen, stellte sich der eine als langjähriger Bekannter heraus: Er und seine Kollegen hatten mich schon einmal festgenommen – das erste Mal wegen Drogenbesitzes. Damals hatten sie mir eine Falle gestellt, mir eine Kanone an den Kopf gehalten und mich in U-Haft gesteckt. So klein war also die Welt! Ich war verblüfft: Mit dem Typen, der mich damals verhaftet hatte, sollte ich jetzt kooperieren? Ich konnte nicht glauben, dass wir plötzlich gemeinsam an einem Strang zogen. Schließlich hatten er und seine Kollegen über Jahre hinweg alles daran gesetzt, meine Brüder und mich auffliegen und einbuchten zu lassen. Wenn sie uns mal wieder etwas versaut hatten, machte sich das ganz gut auf ihrer Karriereleiter. Ich sah der Zusammenarbeit skeptisch entgegen.

Über Wochen hinweg trafen meine Schwester und ich uns mit den beiden Beamten. Das erste Mal verabredeten wir uns an der Stadthalle in Kassel. Wir fuhren hinter ihnen her, zu einem leerstehenden Gebäude, wo die Meetings stattfanden. Nachdem wir mit ihnen alles haarklein durchgesprochen hatten, schalteten sie das ZK 30 ein – ein Polizeikommissariat, das sich ausschließlich mit dem Thema Organisierte Kriminalität beschäftigt.

Die späteren Treffen waren nicht mehr so locker. Mit unserem Auto fuhren wir zu einem vorher verabredeten Treffpunkt, wo wir in Zivilfahrzeuge der Bullen umstiegen. Die Fenster abgedunkelt, aber nicht kugelsicher. Die Fahrt endete an einem alten Polizeigebäude. Hier war die Einfahrt nur über eine Schleuse möglich.

Der Kontaktbeamte, der die eigentlichen Ermittlungen führte, war ebenfalls ein »alter Bekannter«. Wir sprachen über das Vergangene, wobei ich schmunzeln musste. Denn er war derjenige, der die Clubhaus-Stürmung geleitet und im Prozess später gegen alle Hells Angels ausgesagt hatte. Jetzt war es sein Ziel, den Club komplett auffliegen zu lassen. Die Bullen wollten meine ehemaligen Brüder für lange Zeit festsetzen. Ich wollte nur, dass sie meine Schwester beschützen. Deshalb musste ich ihnen helfen.

Dabei gab es viel zu beachten. Zum Beispiel wurde mir erklärt, dass es nicht ratsam wäre, eine Anzeige wegen des Moppeds zu machen. Die Harley stand vermutlich immer noch bei irgendeinem Member zu Hause oder in einer Scheune, weil meine ehemaligen Brüder sie noch nicht gewinnbringend verkaufen konnten, solange sie nicht über den Fahrzeugbrief verfügten. Wenn wir eine Anzeige erstattet hätten, wären die grünen Streifenbullen auf den Plan gekommen, hätten ermittelt und meine ehemaligen Brüder so vorgewarnt. Die zuständigen Beamten vom Kommissariat wollten alles im kleinen Kreis vorbereiten. Ich fragte mich, ob sie nicht einmal genügend Vertrauen in ihre eigenen Leute hatten.

Die Gespräche mit den Beamten liefen immer nach dem gleichen Muster ab: Einer schrieb das Protokoll am Laptop mit, der andere stellte mir die Fragen, und ich beantwortete sie. Das ging so über mehrere Wochen. Ein Termin jagte den nächsten. Für meine Schwester und mich wurden diese Treffen langsam zur Routine. Nachdem wir alles bald zehnmal durchgekaut hatten, sollte der Zugriff stattfinden: eine Großrazzia in ganz Deutschland.

In den sieben Monaten, in denen die Vorbereitungen liefen, gab es keine Sicherheitsmaßnahmen. Es wäre zu auffällig gewesen, wurde uns erklärt. Wir sollten unseren Alltag genauso gestalten wie vorher. Erst eine Woche vor dem Zugriff wurden wir nach Frielendorf gebracht, etwa fünfzig Kilometer von Kassel entfernt, knapp neuntausend Einwohner. Im dortigen Ferienpark hatten die Bullen uns ein Haus gemietet. Sie erzählten dem Betreiber, dass wir ein Familienfest feiern würden und Vogel mit Nachnamen hießen.

Ich wusste nicht, ob ich das gut oder schlecht finden sollte. Der erste Blick auf die Ferienhütte war ernüchternd: Eine Glastür führte ins Haus, direkt dahinter befand sich das Wohnzimmer, nicht sehr groß, aber immerhin mit Kamin, Couch, Sesseln und Fernseher. Vom Wohnzimmer aus führte eine steile Treppe nach oben, wo die Küchenzeile mit Essecke, zwei Schlafzimmern, zwei Toiletten und einem Badezimmer war. Im

Haus und in der Umgebung konnten wir uns völlig frei bewegen, wir hatten keinerlei Schutz. Die Beamten empfahlen uns nur, etwas vorsichtiger zu sein.

Am 25. Oktober 2007 klingelte das Telefon. Einer der Zeugenschutzbeamten war dran. Er betonte, dass wir das Häuschen heute auf gar keinen Fall verlassen sollten. Mir war klar: Jetzt schlagen sie zu. Fünfhundert Polizisten durchsuchten seit fünf Uhr morgens Clubhäuser und Wohnungen in Nordhessen, Südniedersachsen, Nordrhein-Westfalen und Sachsen, insgesamt vierundzwanzig Objekte. Sie fanden Waffen, Munition, Drogen, Geld, Handschellen und sogar den Ausweis einer Polizistin. Auch einige meiner persönlichen Sachen, die mir bei dem Raubüberfall in meiner Wohnung geklaut wurden, tauchten wieder auf, darunter meine Klamotten, eine goldene Uhr, die Sitzbank und der Auspuff meines Moppeds. Aus der Presse erfuhren wir, dass elf Haftbefehle vollstreckt wurden. Auch meine ehemaligen Kasseler Brüder kamen in Untersuchungshaft. Bis zu ihrem Prozess im Mai 2008 saßen sie wegen bewaffneten Raubüberfalls, wegen Verstößen gegen das Kriegswaffenkontrollgesetz oder das Betäubungsmittelgesetz.

Anfang November 2007 fuhren wir zurück nach Kassel. Ich hatte keine Lust mehr auf das Versteckspiel. Ich freute mich auf meine Wohnung, meine eigenen vier Wände, auf eine Cola und eine Selbstgedrehte. Morgens aufstehen, Kaffee trinken, ein bisschen Rauchen. Abends wollte ich endlich mal wieder in meiner eigenen Badewanne sitzen und danach wieder ein hei-

Funde bei der Razzia (Quelle: picture alliance)

ßes Mädchen mit knackigem Hintern und festen Titten an meiner Seite haben – ficken bis der Arzt kommt und dabei Rock 'n' Roll hören. Doch daraus sollte nichts werden. Da die Bullen nämlich unsere Gefährdung nicht einschätzen konnten, wurden wir jetzt rund um die Uhr bewacht. Die Polizei befürchtete Racheakte der Hells Angels aus der ganzen Welt.

Zuerst wurden unsere Wohnungen abgesichert: In jeder Etage des Treppenhauses wurde ein blickdichter schwarzer Vorhang angebracht. Auf meinem Balkon installierten sie eine Lichtalarmanlage mit einem Bewegungsmelder. Die Fenster sollten den ganzen Tag geschlossen und die Jalousien unten bleiben. Wir bekamen Verhaltensregeln, worin unmissverständlich stand, was wir wann und wie machen sollten. Täglich sprachen wir mit ihnen unsere Termine ab. Sie riefen uns regelmäßig an: montags bis donnerstags pünktlich um achtzehn Uhr, freitags um fünfzehn Uhr. Das klappte sehr gut. Wenn es mal kleinere Pannen gab, wurden die Jungs vom Personenschutz gleich sehr nervös.

Während der ganzen Zeit war der Parkstreifen fünfzig Meter vor und hinten dem Eingang zu meinem Haus abgesperrt. Es herrschte absolutes Halteverbot, damit kein Auto mit Sprengstoff abgestellt werden konnte. Teilweise überwachte die Polizei das Gelände sogar mit Hubschraubern.

In der Öffentlichkeit sollte ich eine hochgeschlossene Jacke, Mütze und Handschuhe tragen – wegen meiner Tattoos. Kehrte ich in meine Wohnung zurück, ging erst das Vorauskommando rein, sicherte alles ab, kontrollierte die Zimmer und den Balkon, inklusive Schränke und Bett. Dann erst konnte ich hinein.

Meine Nachbarn waren über dieses Polizeiaufgebot natürlich sehr erschrocken, einer zog sogar deswegen aus. Denn alle, die das Haus betreten wollten, wurden gefilzt – egal ob Briefträger, Handwerker oder Besucher. Jeder musste seinen Ausweis vorzeigen, und hatte er ihn nicht dabei, durfte er nicht hinein. Meinen Nachbarn wurde verboten, auf den Balkon zu gehen. Die Angestellten des Supermarktes auf der Rückseite meiner Wohnung wurden jeden Abend nach Waffen und Sprengstoff durchsucht.

Die ersten Personenschützer, die wir hatten, kamen aus Südhessen – durch die Bank weg Profis mit Routine und Stil. Später wurde das Team gegen Beamte aus Nordhessen ausgetauscht. Ein übler Haufen, zusammengewürfelt aus SEK-Beamten und normalen Straßen-Cops. Sie wirkten teilweise ungepflegt und unprofessionell. Manche davon kannte ich von unseren Clubhaus-Partys, wo sie schon mal herumgelungert hatten. Andere hatten mich schon zigmal festgenommen und mir ihre Kanone gegen den Kopf gedrückt. Sie ließen mich spüren: Ich war der Böse und sie die Guten. Doch nicht mit mir: Ich bin Bad Boy Uli! Bei all den Vorurteilen durften sie aber ihren Auftrag nicht vergessen: Sie mussten meine Schwester beschützen, und ich gehörte nun einmal mit dazu. Doch es gab immer wieder peinliche Szenen – im Wartezimmer, beim Arzt, beim Friseur oder im Supermarkt: Überall fielen diese Typen unangenehm auf.

Da der Prozess gegen meine ehemaligen Brüder immer näher rückte, wuchs auch das Risiko eines Angriffs gegen mich. Die Bullen mussten vermeiden, dass sie im entscheidenden Moment versagen und ich von den Hells Angels vor ihrer Nase einfach kalt gemacht würde. Deshalb sollte ich rechtzeitig richterlich vernommen werden, denn dann hätten sie wenigstens über eine Aussage verfügt, die sie vor Gericht gegen meine ehemaligen Brüder hätten verwenden können.

Einen Tag vor der Vernehmung brachten mich die Bullen in eine Bundesgrenzschutz-Kaserne in Nordhessen, wo ich übernachtete. Als sie mich am nächsten Tag zum Landgericht nach Kassel fuhren, holten sie mich eineinhalb Stunden vor Beginn der richterlichen Vernehmung mit einer ganzen Fahrzeugflotte ab. Ich staunte nicht schlecht: An der Spitze des Korsos fuhr ein ganz normales Polizeiauto, gefolgt von einem Polizeibus, einem Zivilbus mit schwarz getönten Scheiben, zwei gepanzerten Limousinen sowie zum Schluss zwei Polizeiautos.

Ich stieg in die gepanzerte Kiste ein. Die Fahrt war interessant – über abgesperrte Kreuzungen, vorbei am Berufsverkehr. Wenn wir abbiegen mussten, stellte sich ein Fahrzeug als Rammschutz neben die Limousine, in der ich saß. Die Kreuzungen in der Nähe des Gerichtsgebäudes wurden zusätzlich durch Polizisten mit Maschinenpistolen abgesichert. Eine echte Meisterleistung des Frankfurter Teams!

Durch eine Schleuse fuhren die Autos ins Gerichtsgebäude. Ich wurde von den Bullen hinein begleitet, setzte mich in einen kleinen Raum und wartete auf den Beginn der Show. Meine inhaftierten Brüder hatten nämlich die Gelegenheit, an der Vernehmung teilzunehmen. Ich konnte es gar nicht erwarten, sie nach dem Raubüberfall das erste Mal wiederzusehen. Da ich den großen Gerichtssaal in Kassel ziemlich gut kenne, wusste ich, dass die Bullen mich an ihnen vorbeiführen müssen. Ich hatte vor, den ersten, den ich sehe, die Zähne wegzuhauen.

Die Vernehmung sollte beginnen, und ich wurde in den Gerichtssaal gebracht. Doch was für eine Enttäuschung: Von meinen ehemaligen Brüdern war nur einer anwesend. Ich steuerte langsam auf die Anklagebank zu. Als ich nur noch eine Armlänge entfernt war, drängten mich die Bullen ab. Mist! Später erzählten sie mir, dass sie geahnt hätten, was ich vorhabe. Sie sagten: »Uli, wir kennen dich zu gut. Wir haben gesehen, wie du deine Faust geballt hast und deine Schulter nach hinten ging.« Okay, Respekt.

Im Saal standen etwa zwanzig Cops, alle schwerbewaffnet. Ich setzte mich, und die Vernehmung begann. Zuerst sollte ich der Richterin meine Personalien nennen. Alles war also wie immer. Ich ratterte runter: »Ich heiße Ulrich Detrois, wurde 1958 in Kassel geboren, bin ledig, habe keine Kinder.«

Die Richterin wollte alles zum Überfall wissen. Jeder Satz wurde genauestens protokolliert. Nach etwa eineinhalb Stunden war die ganze Sache vorbei, und ich sollte mit dem gleichen Aufgebot zurückgebracht werden. Auf halbem Weg jedoch änderten die Bullen die Route, und wir fuhren zu einer anderen Kaserne. Dort stieg ich in eine neue gepanzerte Limousine ein, in der ich nach Hause gefahren wurde.

Nach der Vernehmung hatte ich wieder ein paar Tage lang Ruhe. Die Bullen aber waren immer noch da: Im Haus, vor dem Haus, Tag und Nacht bewachten sie meine Wohnung. Irgendwann erzählten sie etwas von neuen Informationen aus der Szene. Sie wussten nicht, wie sie diese einordnen sollten. Sicherheitshalber sollten meine Schwester und ich wieder untertauchen. Weil alles sehr schnell gehen musste, hatten sie uns eine Ferienwohnung in Blickershausen, einem Dreihundert-Einwohner-Dörfchen im hessischen Werra-Meißner-Kreis besorgt.

Unter strengsten Sicherheitsvorkehrungen kamen wir dort unter. Rund um die Uhr waren Spezialpolizisten im Einsatz. Als ich abends aus dem Fenster schaute, sah ich am Fenster des gegenüberliegenden Hauses die Beamten. Einer hatte ein Nachtsichtgerät vor den Augen. Überall waren Zivilpolizisten. Sie erklärten uns, dass dieser Aufwand nötig sei, da wir in die Personenschutzklasse eins eingeordnet worden waren – die höchste Schutzklasse in Deutschland, die unter anderem für unsere Bundeskanzlerin gilt.

Wie nicht anders zu erwarten, blieb der Polizeieinsatz in dem kleinen Kaff nicht unbemerkt. Ein paar Tage später flogen wir auf. Eine Regionalzeitung hatte im Polizeipräsidium angefragt, warum so viele schwerbewaffnete Bullen in Blickershausen stationiert seien. Innerhalb weniger Minuten, nachdem unser Trupp die

Meldung erhalten hatte, sollten wir packen und die Ferienwohnung verlassen. Wir fuhren zurück nach Kassel in unsere eigenen Wohnungen.

Am nächsten Tag, dem 24. November 2007, stand der Artikel in der örtlichen Presse. Die *Hessische Allgemeine* titelte in ihrem Lokalteil für Witzenhausen: »Fahnder und wilde Gerüchte. Schwere Limousinen beunruhigen Blickershäuser – Hintergrund im Dunkeln.« Im Text hieß es: »Schwere Limousinen mit Wiesbadener Kennzeichen gehörten für einige Tage zum Ortsbild: Bisweilen saßen Männer im Fonds und warteten ab. Aber auf was?« Ich las neugierig weiter: »Fehlanzeige bei unseren Recherchen auch bei der Polizeidirektion Werra-Meißner in Eschwege: Mit den Dienststellen der Polizei im Kreis könne das Ganze nichts zu tun haben, sagte Polizeisprecher Jörg Künstler. Der Kasseler Polizeisprecher Jungnitsch konnte den Sachverhalt am Nachmittag aufklären: taktische Einsatzübung verschiedener Einheiten aus Hessen. Und die endeten am Freitag« Ich musste lachen.

Fahnder und wilde Gerüchte

Schwere Limousinen beunruhigen Blickershäuser - Hintergrund im Dunkeln

BLICKERSHAUSEN. Schwere Limousinen mit Wiesbadener Kennzeichen gehörten für einige Tage zum Ortsbild: Bisweilen saßen Männer im Fonds und warteten stundenlang ab. Aber auf was?

Mehreren Hinweisen („Die sind schwer bewaffnet") aus unserer Leserschaft zufolge hatten sich Kriminalbeamte schon seit Montag in Wohn- und Ferienhäusern im Ortskern eingemietet. Wurden sie von Dorfbewohnern angesprochen, wurde nur allgemein von Observation (Beobachtung) berichtet. Doch gegen wen richtete sich die Operation? Anzunehmen, dass die Kripo-Leute im Dorf nur ihr Basislager hatten, sich die etwaigen Ermittlungen aber auf Orte im weiteren Umfeld bezogen haben können.

Die Männer im Wagen erteilten am Freitagvormittag auch auf Anfrage der Zeitung keine Auskunft: Man verwies auf das Polizeipräsidium Nordhessen in Kassel. Und hier muss Pressesprecher Wolfgang Jungnitsch erst einmal hausintern fahnden, um was es eigentlich geht.

Fehlanzeige bei unseren Recherchen auch bei der Polizeidirektion Werra-Meißner in Eschwege: Mit den Dienststellen der Polizei im Kreis könne das Ganze nichts zu tun haben, sagte Pressesprecher Jörg Künstler. Und sollte das Bundeskriminalamt im Einsatz sein: „Die melden sich bei uns nicht an." Der Kasseler Polizeisprecher Jungnitsch konnte den Sachverhalt am Nachmittag aufklären: taktische Einsatzübung verschiedener Einheiten aus Hessen. Und die endete am Freitag.

Wie kam man ausgerechnet auf das beschauliche Blickershausen, wo jedes fremde Auto auffällt? Da kann man nur mutmaßen: Wichtige Verkehrsadern wie die Autobahn 7 und die ICE-Bahnstrecke sind nicht weit. (wke)

Unruhe in Blickershausen vermeldet die *Hessische Allgemeine* (HNA) vom 24. November 2007

Der Mordauftrag

Zu Hause in Kassel angekommen, hatten wir wieder für ein paar Tage Ruhe. Doch Mitte Dezember ging die Farce erneut los: Die Zeugenschutzbeamten holten meine Schwester und mich in unseren Wohnungen ab, um uns zum Polizeipräsidium Kassel zu bringen. Wieder sperrten sie die Straße ab, schlossen den von ihnen angebrachten Sichtschutz im Treppenhaus. Dann gingen wir zum Auto. Der gepanzerte Wagen fuhr mit uns durch Kassel.

Selbst im Polizeipräsidium hatte ich Personenschützer an meiner Seite. Sie erklärten mir, dass die Hells Angels überallhin Kontakte hätten – was ich ja schon längst wusste. Aber dass sogar die Bullen Angst hatten, dass ich im Präsidium abknallt würde, hatte ich wirklich nicht vermutet.

Ein Beamter berichtete meiner Schwester und mir von einem Sondermeeting von Hells Angels, das am Vortag stattgefunden hatte. Neben vielen deutschen Brüdern sollen auch Member des Charters Moskau sowie zwei Angehörige der ehemaligen russischen Sondereinheit Speznas dabei gewesen sein. Ein Polizist teilte uns mit, dass auf diesem Treffen ein Mordauftrag gegen mich und meine Schwester ausgesprochen und vor Ort gleich ein Kopfgeld an die beiden Russen ausbezahlt wurde. Was mich wunderte, war, dass die Bullen sehr genau wussten, was auf diesem Treffen besprochen wurde. Sie erzählten uns detailliert, dass die Russen nur dabei waren, weil sie die Mordaufträge entgegengenommen hatten und diese ausführen sollten. Auch wussten die Bullen namentlich, wer die Member des Charters Moskau waren. Woher hatte die Polizei diese detaillierten Informationen? Uns sagten sie lediglich: »Das sind gesicherte polizeiliche Erkenntnisse.« Im Schreiben der Staatsanwaltschaft Kassel vom 7. November 2008 wurde uns dies bestätigt. Darin heißt es unter anderem: »Nach Mitteilung des Polizeipräsidiums Nordhessen ist im Dezember 2007 der vertrauliche Hinweis auf eine solche Verbrechensverabredung eingegangen.«

Mich konnte das nicht mehr vom Stuhl hauen. Es war ja klar, dass man mich aus dem Weg schaffen wollte, das hatte ich schon in den ersten Befragungen bei der Polizei vorgebracht. Ich sagte den Bullen darüber hinaus, dass es wohl Russen ausführen würden, da sie über die besseren Möglichkeiten verfügten, eine solche Tat sauber umzusetzen. Sie haben einen großen Vorteil: Sie kommen nach Deutschland, machen das Zielobjekt kalt und sitzen, bevor die Bullen überhaupt auf den Plan kommen, schon längst wieder in ihrer Heimat und saufen Wodka.

Für meine Schwester und mich bedeutete diese neue Sachlage, dass wir einmal wieder unsere Wohnungen verlassen sollten. Um mich selbst hatte und habe ich keine Angst. Sollen die Russen doch kommen: Bevor die mich abknallen, habe ich denen schon längst den Schädel weggetreten. Angst habe ich nur um meine Schwester.

Meine ehemaligen Kasseler Brüder saßen alle in U-Haft und warteten auf ihren Prozess. Ich war wieder in meiner Wohnung und lebte mit den Bullen vor meiner Tür weiter. Jedes Mal, wenn ich einen Arzt-Termin hatte oder nur mal schnell zum Bäcker oder Fleischer wollte, sollte ich das mit den Zeugenschutzbeamten absprechen. Die organisierten die Fahrt, brachten mich dahin, wo ich hinwollte.

Das Ende meines Charters

Im Dezember 2007, also kurz nachdem wir von dem Mordauftrag erfahren hatten, schlug ich die Kassel-Ausgabe der *Hessischen/Niedersächsischen Allgemeinen (HNA)* auf. Darin war, recht prominent platziert, ein Artikel mit der Überschrift: »Polizei findet Container der Hells Angels«. Ich traute meinen Augen nicht. Ich las den Beitrag bestimmt fünfmal hintereinander: Die Bullen hatten einen Container gefunden, der auf einem Acker bei Hedemünden bei Göttingen stand. Im Zeitungstext hieß es: »Er stand nahezu ungesi-

Polizei findet Container der Hells Angels

Beweismaterial gesichert - Utensilien der Rockergruppe standen unbewacht auf einer Wiese

KASSEL / HANN. MÜNDEN. Ermittlungserfolg gegen die Hells Angels. Die Kasseler Kripo hat im Zusammenhang mit dem gegen Mitglieder der nordhessischen Gruppe der Hells Angels geführten Ermittlungsverfahren einen Container in der Gemarkung Hedemünden (Kreis Göttingen) entdeckt.

Nach Aufgabe des Clubhauses in der Kasseler Söhrestraße war der ehemalige Baucontainer offenbar als Aufbewahrungsort für Clubutensilien verwendet worden, so Polizeisprecher Volker Pieper. Er stand nahezu ungesichert und verlassen auf einer öffentlich zugänglichen Wiese. „Es handelt sich um einen außergewöhnlichen Fund, da die Statuten der Hells Angels vorsehen, dass deren Utensilien

ständig höchster Bewachung unterliegen sollen und keinesfalls in die Hände unbeteilig-

ter Dritter, insbesondere der Polizei, fallen dürfen", so Pieper.

Außergewöhnlicher Fund: In diesem Container auf einer Wiese bei Hedemünden bewahrten die Hells Angels ihre Utensilien auf.
Foto: Polizei/nh

Bei der Durchsuchung des Containers konnten die Ermittler Beweismaterial, unter anderem eine aus einem Raub stammende Motorradsitzbank, aber auch Hells-Angels-Bekleidung (Kutten) und andere Gegenstände sicherstellen. Die Motorradsitzbank sei eindeutig der Straftat zuzuordnen, bei der Mitglieder der Kasseler Gruppe im April dieses Jahres einen ehemaligen Angehörigen der Kasseler Hells Angels in dessen Wohnung aufgesucht und mit Waffengewalt ausgeraubt hatten.

Die sieben Mitglieder der Kasseler Hells Angels, die im Rahmen des Polizeieinsatzes am 25. Oktober festgenommen worden waren, sitzen derzeit noch allesamt in Untersuchungshaft, so Pieper. (use)

Bericht über den spektakulären Containerfund in der *Hessischen Allgemeinen (HNA)* vom 14. Dezember 2007

201

chert und verlassen auf einer öffentlich zugänglichen Wiese.« Weiterhin wird der Kasseler Polizeisprecher Volker Pieper zitiert:»Es handelt sich um einen außergewöhnlichen Fund, da die Statuten der Hells Angels vorsehen, dass deren Utensilien ständig höchster Bewachung unterliegen sollen und keinesfalls in die Hände unbeteiligter Dritter, insbesondere der Polizei fallen dürfen.«

Nach der Großrazzia am 25. Oktober 2007, bei der sieben meiner ehemaligen Kasseler Brüder festgenommen worden waren, wurde unser Clubhaus an der Söhrestraße aufgelöst. Einige Clubmitglieder müssen die Sachen zusammengepackt und in diesem Container versteckt haben. Unter den von der Polizei sichergestellten Sachen befanden sich nationale und internationale Geschenke anderer Hells-Angels-Charter, Fahnen, Jacken, Clubutensilien, Charter-Fotos, interne Unterlagen, Aufnäher, Anniversary-Geschenke von ausländischen Brüdern, wichtige Meeting-Unterlagen und mehrere USB-Sticks mit geheimen Aufzeichnungen. Beim Lesen dieses Textes fragte ich mich ernsthaft, ob meine Ex-Brüder endgültig ihr Hirn weggekokst oder ihren Verstand versoffen hatten. Denn, wie selbst der Polizeisprecher richtig kombinierte, unterliegen diese Utensilien strengster Geheimhaltung und müssen Tag und Nacht bewacht werden – meistens die Aufgabe der Prospects. Sie dürfen niemals in die Hände von Unbeteiligten oder gar den Bullen fallen.

Fünfeinhalb Monate nach diesem peinlichen Container-Fund, also im Mai 2008, begann der Prozess gegen meine ehemaligen Kasseler Brüder. Acht Prozesstage waren angesetzt – alle unter höchsten Sicherheitsvorkehrungen: Scharfschützen standen an den Kreuzungen, Polizei-Hundertschaften waren in Kassel unterwegs. Vor Beginn der Verhandlung wurde das gesamte Gerichtsgebäude mit Sprengstoffspürhunden durchsucht. Anwälte und Richter wurden ebenso wie alle Pressevertreter und Besucher genauestens gefilzt.

Ich sollte als Hauptzeuge aussagen und wurde morgens von den Bullen zu Hause abgeholt. Drei gepanzerte Wagen hielten vor meiner Wohnung. Es war die mir schon bestens vertraute Prozedur: Fenster mit Vorhängen blickdicht gemacht, die Treppe runter und rein in den Wagen. Ich saß wieder im mittleren Fahrzeug der Kolonne. Nachdem ich eingestiegen war, gab der Fahrer Vollgas. Wir kurvten durch die Stadt – genauso schnell und sicher wie damals bei meiner richterlichen Vernehmung. Die Jungs brachten mich zum Gelände der Bereitschaftspolizei, wo wir in einer Halle hielten. Als ich ausstieg, entdeckte ich einen kleinen Kastenwagen der Telekom, ohne Scheiben an der Seite. Mit dem ging die Fahrt für mich weiter. Die Panzerwagen jedoch verließen vor uns die Halle – ein Ablenkungsmanöver. Erst dann fuhren wir los. Ich saß hinten, zwischen zwei bewaffneten Bullen. Am Gerichtsgebäude angekommen, rollte der Telekom-Wagen in die Garage, ein Rolltor öffnete sich, und erst dahinter stiegen wir aus. Die Bullen setzten mich in einen kleinen Raum, wo ich warten sollte, bis ich mit meiner Aussage an der Reihe war.

Mein Anwalt saß während der Verhandlung im Gerichtssaal, ich jedoch nicht. In den Pausen erfuhr ich von ihm allerdings das Wesentliche, zum Beispiel dass der Staatsanwalt, der die Ermittlungen während der ganzen Zeit geführt hatte, nicht anwesend war. Ein anderer Staatsanwalt hätte jetzt seine Aufgabe übernommen. Ich wunderte mich, da der ermittelnde Staatsanwalt viel Arbeit in diesen Fall gesteckt hatte. Schon bei den bundesweiten Razzien war er dabei, und er kannte jedes Detail. Er hatte darauf hingearbeitet, dass die Angeklagten sehr lange hinter Gittern verschwinden.

Die Prozesse gegen Hells Angels laufen meist nach dem gleichen Schema ab: Im Vorfeld wird eine große Welle gemacht, so dass die Polizisten glauben, dass ganz viele Hells Angels zur Prozessbegleitung kommen. Dadurch wird der Prozess künstlich aufgeblasen. Die Bullen sichern alles ab: den Gerichtssaal, das Gebäude, Parkplätze und die nähere Umgebung – mit allen Kräften, die ihnen zur Verfügung stehen. Dabei kam es auch schon vor, dass am Ende nur zwei oder drei Member zum Prozess erschienen sind. Weiterhin hat jeder Angeklagte mindestens einen Anwalt an seiner Seite, zwei oder drei sind natürlich noch besser. Diese streben bei jedem Prozess einen Deal mit dem Gericht an, worauf auch gern eingegangen wird. So werden viele Verhandlungstage mit solch einem Großaufgebot und den dadurch entstehenden immens hohen Kosten vermieden.

Ein gutes Beispiel für den Ablauf der Prozesse ist eine Verhandlung, die im Dezember 2008 in Hannover stattfand. Vierzehn Member der Hells Angels standen damals vor Gericht, weil sie fünf Bandidos überfallen, mit Äxten verprügelt, mit Messern bedroht und ihnen danach noch Kutten, T-Shirts und Clubaufnäher geklaut haben sollen. Dieser Prozess fand unter ähnlich hohen Sicherheitsvorkehrungen statt wie der gegen meine ehemaligen Kasseler Brüder: Bewaffnete Polizisten standen im Gerichtsgebäude, Metalldetektoren waren aufgebaut, jeder einzelne Prozessbesucher wurde genauestens gefilzt. Die Hells Angels hatten siebzehn Anwälte an ihrer Seite, weitere Brüder und die Frauen der angeklagten Member saßen im Zuschauerraum.

Nachdem der Staatsanwalt die Anklage wegen schweren Raubes und gefährlicher Körperverletzung verlesen hatte, forderten die Anwälte der Hells Angels einen Deal. Sie wollten, dass der Vorwurf des schweren Raubes fallengelassen würde, und boten geständige Aussagen ihrer Mandanten zur gefährlichen Körperverletzung an. So etwas kommt bei unseren Richtern meist gut an, weil klar ist, dass die Angeklagten sonst überhaupt nichts aussagen würden. Auch die »Opfer«, also die Bandidos, sind auf Grund ihres Ehrenkodex' zum Schweigen verpflichtet. Die Justiz würde also nichts aus der Szene erfahren, und der Prozess müsste allein aufgrund von Indizien geführt werden. Das würde den Prozess in die Länge ziehen und eine Verurteilung massiv erschweren.

Nach dem ersten Verhandlungstag hatten sich die Richter, der Staatsanwalt und die Verteidiger zu einem sogenannten Rechtsgespräch getroffen und nach Möglichkeiten für ein schnelles Prozessende gesucht. Und das kam auch ganz schnell – gleich am nächsten Tag. Das Gericht in Hannover ging auf den geforderten Deal ein, und der Richter sprach am zweiten Prozesstag das Urteil: Elf der vierzehn Angeklagten wurden zu Bewährungsstrafen verurteilt, drei erhielten Haftstrafen. Das höchste Urteil, das sich der Rädelsführer der Aktion einhandelte, lag bei zwei Jahren und zehn Monaten Knast.

Auch die Anwälte einiger meiner ehemaligen Brüder schienen den Prozess nach diesem Muster durchziehen zu wollen. Gleich zu Prozessbeginn drohten sie mit einer Reihe von Anträgen. So hätten sie die Verhandlung enorm in die Länge ziehen können. Dies hätte bedeutet, dass das komplette Gerichtsgebäude immer wieder hätte abgesperrt werden müssen. Zudem hätte an den Verhandlungstagen kein anderer Prozess stattfinden können. Zu jedem einzelnen Termin hätten die Personenschützer mich mit genau diesem Aufwand abholen und zum Gericht bringen müssen. Und zu alledem wären noch die Kosten für die Richter, Beisitzer und den Staatsanwalt gekommen. Dieser Wahnsinn hätte Unsummen verschlungen. In dieser Situation entschieden sich die Richter für einen Deal.

Der Deal bedeutete, dass die Angeklagten den Raubüberfall auf mich gestehen sollten und dafür mit extrem geringen Strafen davonkämen. Ich bekam von dem ganzen Theater nichts mit, zum Glück. Am frühen Nachmittag kam mein Anwalt zu mir ins Zimmer. Er

»Hells Angels auf freiem Fuß« meldet die *Hessische Allgemeine (HNA)* am 9. Mai 2008

sagte, dass der Prozess zu Ende sei. Ich schaute ihn ungläubig an. Dann erklärte er mir, dass alle Haftbefehle aufgehoben worden waren.

Ich hätte kotzen können. Die waren alle wieder frei! Die höchste Strafe, die ausgesprochen wurde, waren zwei Jahre auf Bewährung. Normalerweise hätte die Mindeststrafe bei einem solchem bewaffneten Raubüberfall – und das war es für mich – drei Jahre Knast lauten müssen. Ich konnte es kaum fassen.

Ich verabschiedete mich von meinem Anwalt und wurde von den Personenschützern mit dem üblichen Aufwand wieder nach Hause gebracht. Diesmal warte-

te unten im Gerichtsgebäude der Bus einer Reinigungs-
firma auf mich, ein uralter Ford Transit, der mich zum
Gelände der Bereitschaftspolizei brachte. Dort stieg ich
in eines der gepanzerten Autos um. Die Kolonne fuhr
mich zurück zu meiner Wohnung. Dort angekommen,
musste ich mich erst einmal setzen. Ich drehte mir eine
Zigarette und trank einen Whiskey – zur Beruhigung.

Wenige Tage später erfuhr ich, dass das Charter
Kassel offiziell aufgelöst wurde. Das ging mir runter
wie Öl. Ich hatte immer gesagt, dass es ohne mich kein
Charter Kassel mehr geben würde. Das war jetzt der
Fall. Wie ich später erfuhr, wurden alle Member an-
deren Chartern zugeteilt. Einige sind heute bei dem
Charter in Hanau, andere in Hannover und Bielefeld.
Der Präsident ist heute kein Präsident mehr, sondern
muss jetzt in einem anderen Charter Stiefel lecken.
Meine ehemaligen Brüder hatten das wohl Wichtigs-
te in ihrem Leben verloren: ihr eigenes Hells Angels
Charter.

Rechtsstaat?

Mehr als zwei Jahre ist es jetzt her, seitdem die Bullen mich ins Präsidium bestellt und mir erzählt haben, dass es einen Mordauftrag gegen meine Schwester und mich gibt. Auch als juristischer Laie weiß ich, dass beim Verdacht auf Verabredung zum Mord ein Ermittlungsverfahren von Amts wegen einzuleiten ist – gegen alle Hells Angels also, die bei jenem Treffen in Frankfurt am Main anwesend waren. Mein Anwalt hat mehrfach bei der zuständigen Staatsanwaltschaft nachgefragt. Doch bis heute haben wir nichts in Erfahrung bringen können, obwohl die Namen der Beteiligten der Polizei bekannt sind. Auch die Namen der russischen Member kennen sie, und sie wissen sogar einiges über die Killer der russischen Sondereinheit. Es ist eine unfassbare Geschichte.

Die Schmierenkomödie begann am 26. August 2008. An diesem Tag stellte ich Strafanzeige wegen des Straftatbestands der Verabredung zum Mord. Die Antwort kam überaus fix: Zwei Tage später teilte mir der Generalbundesanwalt in einem Schreiben mit, dass er nicht zuständig sei und dass er meine Strafanzeige an die »örtlich zuständige Staatsanwaltschaft bei dem Landgericht Kassel weitergeleitet« hat. Ich wunderte mich: Kassel? Zuständig müsste doch eigentlich die Staatsanwaltschaft in Frankfurt am Main sein, weil dort der Tatort lag.

Anfang September stellte ich eine zusätzliche Strafanzeige, die ich beim Bundeskriminalamt und beim Landeskriminalamt in Hessen einreichte. Schon am 7. November 2008 teilte mir die Staatsanwaltschaft in Kassel mit: »Hinsichtlich der Verabredung zu einem Verbrechen (Mordauftrag zum Nachteil des Anzeigeerstatters) steht der Aufnahme von Ermittlungen das Doppelverfolgungsverbot entgegen.« Und weiter: »Die Ermittlungen wurden oder werden insoweit jedoch von einer örtlich zuständigen Staatsanwaltschaft bereits geführt. Die Einleitung eines neuen Ermittlungsverfahrens wegen derselben Tat verbietet sich daher.«

Nun verstand ich gar nichts mehr. Der Generalstaatsanwalt schrieb mir, er hätte meine Anzeige an die »örtlich zuständige« Kasseler Staatsanwaltschaft weitergeleitet. Und von der hörte ich mehr als zwei Monate später, sie wolle keine Ermittlungen aufnehmen, weil diese »von einer örtlich zuständigen Staatsanwaltschaft bereits geführt« würden. Super! Und welche war das nun? Wir wissen es bis heute, im Mai 2010, nicht.

Am 3. Mai 2009 erstattete ich erneut Strafanzeige wegen Verabredung zum Mord – und zwar wieder bei der Staatsanwaltschaft in Kassel. Einen guten Monat später wurde die Einleitung eines Ermittlungsverfahrens offiziell abgelehnt. Zur Begründung wurde schlicht auf den vorangegangenen Bescheid vom 7. November 2008 Bezug genommen. Aber auch diesmal erfuhr ich

Staatsanwaltschaft
bei dem Oberlandesgericht Frankfurt am Main
Der Generalstaatsanwalt

HESSEN

Postanschrift: Staatsanwaltschaft b. d. OLG - 60256 Frankfurt /Main

Herrn
█████████████████
█████████████████
█████████████████

Aktenzeichen:	3 Zs ████/09
Dst.-Nr.:	█████
Bearbeiter:	OStA █████
Durchwahl:	(069) 1367-█
Fax:	
E-Mail:	
Ihr Zeichen:	
Ihre Nachricht:	
Datum:	22. Juli 2009

In der Anzeigesache

**g e g e n Verantwortliche der Rockergruppierung " Hells Angels " Deutschland
w e g e n des Vorwurfs einer Verabredung zum Mordverbrechen**

wird die Beschwerde des Herrn █████████████ vom 15. Juni 2009 gegen den Bescheid der
Staatsanwaltschaft bei dem Landgericht Kassel vom 5. Juni 2009
(Aktenzeichen: 8850 Js ████/09)

v e r w o r f e n .

G r ü n d e :

Die Staatsanwaltschaft hat zu Recht die Einleitung eines Ermittlungsverfahrens abgelehnt.

Nach der gesetzlichen Bestimmung des § 152 Abs. 2 StPO setzt die Aufnahme
staatsanwaltschaftlicher Ermittlungen zureichende Anhaltspunkte für das Vorliegen
verfolgbarer Straftaten voraus.

Wie der angefochtene Bescheid zutreffend ausführt, sind solche aus Rechtsgründen nicht
vorhanden.

Denn es besteht ein Verfolgungshindernis.

Der Tatvorwurf eines im Dezember 2007 in Frankfurt am Main durch die Präsidenten und
Stellvertreter der genannten Gruppierung initiierten Mordkomplotts zum Nachteil des
Beschwerdeführers ist nämlich bereits zum Gegenstand eines staatsanwaltschaftlichen
Ermittlungsverfahrens einer anderen Behörde geworden.

Hierauf war der Beschwerdeführer schon durch Bescheid der Staatsanwaltschaft Kassel vom 7.
November 2008 im Verfahren 8850 Js ████/08 StA Kassel aufmerksam gemacht worden.

Zeil 42 - 60313 Frankfurt am Main
Telefon: (069) 1367 - 01
Telefax: (069) 1367 - 8468
E-Mail: verwaltung@gsta-frankfurt.justiz.hessen.de

Die Staatsanwaltschaft weiß vom Mordauftrag …

Bei einer solchen Fallgestaltung verbietet sich aufgrund des verfassungsrechtlichen Doppelverfolgungsverbots die parallele Führung weiterer Ermittlungsverfahren, welche den identischen Lebenssachverhalt betreffen.

Aus Sicherheitsgründen ist weder das zugehörige Aktenzeichen des besagten Verfahrens noch die zuständige Staatsanwaltschaft hier bekannt geworden.

Ich bedaure daher, nähere Angaben mangels eigener Kenntnis nicht machen zu können.

Rechtsmittelbelehrung:

Gegen diesen Bescheid kann der Beschwerdeführer binnen der binnen eines Monats nach Bekanntmachung gerichtliche Entscheidung beim Oberlandesgericht Frankfurt am Main beantragen.

Eine Verlängerung dieser Frist ist gesetzlich ausgeschlossen.

Der Antrag auf gerichtliche Entscheidung muss die Tatsachen, die die Erhebung der öffentlichen Klage begründen sollen, und die Beweismittel angeben. Er muss von einer Rechtsanwältin oder einem Rechtsanwalt unterzeichnet sein.

Für die Prozesskostenhilfe gelten dieselben Vorschriften wie in bürgerlichen Rechtsstreitigkeiten. Das Gesuch muss den Sachverhalt schildern und erkennen lassen, warum der Bescheid angefochten werden soll. Es muss gleichfalls binnen eines Monats bei Gericht vorliegen.

Der Antrag auf gerichtliche Entscheidung oder das Gesuch um Bewilligung von Prozesskostenhilfe, die bei dem Oberlandesgericht Frankfurt am Main in 2 Stücken einzureichen sind, dürfen nicht auf andere Schreiben, Akten oder sonstige Vorgänge Bezug nehmen. Beide müssen vielmehr aus sich heraus verständlich sein.

Im Auftrag

beglaubigt:

... und tut nichts

nicht, wer denn die örtlich zuständige Staatsanwaltschaft sein sollte. Das hieß für mich: zurück auf Los!

Dagegen beschwerte ich mich beim Generalstaatsanwalt in Frankfurt. Anschließend verlangte mein Anwalt von der Staatsanwaltschaft in Frankfurt Auskunft über den Stand des Verfahrens. In seinem Schriftsatz beklagte er sich über das vorangegangene Verwirrspiel und auch darüber, dass die Staatsanwaltschaft keine weitere Auskunft über das Ermittlungsverfahren erteilt hatte. Diesmal kam die Antwort von einem Frankfurter Oberstaatsanwalt: Meine Beschwerde wurde verworfen. Die Begründung kam mir bekannt vor: Es bestehe ein »Verfolgungshindernis. Der Tatvorwurf eines im Dezember 2007 in Frankfurt am Main […] initiierten Mordkomplotts zum Nachteil des Beschwerdeführers ist nämlich bereits zum Gegenstand eines staatsanwaltschaftlichen Ermittlungsverfahrens einer anderen Behörde geworden. Hierauf war der Beschwerdeführer schon durch Bescheid der Staatsanwaltschaft Kassel vom 7. November 2008 […] aufmerksam gemacht worden.« Damit biss sich also die Katze schon wieder in ihren eigenen Schwanz.

Weil ich mich damit nicht zufrieden geben wollte, stellte ich etwa zeitgleich Strafantrag gegen den zuständigen Staatsanwalt in Kassel. Ihr dürft raten mit welchem Ergebnis. Im August 2009 beantragte mein Anwalt Akteneinsicht bei der Frankfurter Staatsanwaltschaft. Im Oktober waren wir immer noch keinen Schritt weiter, also stellte mein Anwalt auch in Kassel einen Akteneinsichtsantrag. Einen Monat später musste er ihn wiederholen und bat andernfalls um einen rechtsmittelfähigen Bescheid. Seitdem herrscht Schweigen.

Ich habe oft und lange darüber nachgedacht, was der Grund für diese Farce ist. Wenn es das Ermittlungsverfahren bei »einer örtlich zuständigen Staatsanwaltschaft« gibt: Warum sitzen die Beteiligten nicht längst im Knast? Warum habe ich noch von keiner Anklageerhebung gehört? Warum erhalte ich keine Akteneinsicht? Und warum erfahre ich noch nicht einmal, wo dieses Verfahren überhaupt läuft?

Ich mag nicht glauben, dass allein Chaos und Unfähigkeit die Gründe sind. Näher liegt für mich die Annahme, dass es für die Justiz Wichtigeres gibt, als das Mordkomplott aufzuklären. Soll hier jemand geschützt werden? Ein Informant? Wenn ich am Sankt-Nimmerleins-Tag Akteneinsicht erhalten haben werde, kann ich euch im nächsten Buch darüber hoffentlich mehr erzählen. Heute kann ich mir nur meine Erklärung zusammenreimen. Und die wirft ein düsteres Licht auf die Herren in den schwarzen Roben.

Weil ich fand, dass diese bemerkenswerte Posse auch unseren Politikern nicht vorenthalten werden darf, setzte ich einige von ihnen in Kenntnis. Ich schrieb Briefe, Mails und Faxe an Vertreter aller großen Parteien in Deutschland: Kurt Beck, Lothar Bisky, Günther Beckstein, Wolfgang Bosbach, Gregor Gysi, Andrea Nahles, Petra Pau, Wolfgang Schäuble, Otto Schily, Hans-Christian Ströbele, Wolfgang Thierse, Guido Westerwelle und andere mehr. Auch Bundeskanzlerin Angela Merkel und Bundespräsident Horst Köhler setzte ich in Kenntnis. Ich bekam genau neun Antworten. Die meisten der Büros bestätigten mir lediglich den Eingang meines Schreibens. Manche schrieben, dass sie nicht zuständig seien.

Das Büro von Wolfgang Thierse antwortete, dass er in dieser Angelegenheit nicht persönlich tätig werden könne, mein Schreiben aber an den Petitionsausschuss des Deutschen Bundestages weitergeleitet habe:»Auf Grund der Kompetenzverteilung zwischen Bund und Ländern wird möglicherweise auch der Hessische Landtag mit Ihrer Eingabe befasst.«

Aus dem Bundespräsidialamt flatterte folgende Antwort in meinen Briefkasten:»Ihre Schilderungen sind hier aufmerksam und mit großer Betroffenheit gelesen worden …« Und weiter:»Umso mehr bedauert es der Bundespräsident, dass er Ihnen im Rahmen der ihm durch die Verfassung übertragenen Aufgaben und Befugnisse keine konkrete Hilfe anbieten kann!« Im Auftrag des Bundespräsidenten wurde mein Schreiben an das Hessische Innenministerium weitergeleitet.»Ich gehe davon aus, dass man sich von dort mit Ihnen in Verbindung setzen wird.«

Petra Pau, Mitglied des Deutschen Bundestages, leitete mein Schreiben an»die zuständigen Kollegen der hessischen Landtagsfraktion der Linken« weiter, damit die über das weitere Vorgehen beraten können. Die beraten auch schon seit August 2008 …

Die kurioseste Antwort kam am 14. August 2008 von Hans-Christian Ströbele per Mail.»Inzwischen bin ich aus dem Stress der letzten Sitzungswochen des Bundestages raus und aus dem anschließenden Urlaub zurück. Ich könnte jetzt einen Brief an die zuständige Polizeistelle schreiben, die Ihnen Zeugenschutz gewähren soll. Wenn Sie dies noch wünschen, informieren Sie mich bitte rasch über den Sachstand und an wen ich mich wenden soll. Mir liegt nur die Anschrift des Polizeipräsidiums in Kassel, Grüner Weg 3, vor. Mit freundlichem Gruß Ströbele.«

Ich sprach oft mit meinem Anwalt darüber, wie es geschehen kann, dass in Deutschland eine solche Angelegenheit – immerhin eine Verabredung zum Mord – einfach im Sande verläuft. Wie gesagt: Die Antwort werde ich euch wohl erst im nächsten Buch geben können.

Zukunftstraum

Nicht eine Millisekunde denke ich heute darüber nach, dass ich etwas in meinem Leben falsch gemacht habe. Okay, ich hätte mir gleich die goldene Rolex kaufen sollen. Die ganz krassen Fälle von Gewalt, die ich in diesem Buch geschildert habe, würden mit jetzt wohl auch nicht mehr passieren. Ich bin heute ruhiger geworden. Im Großen und Ganzen jedoch bereue ich keinen meiner Schritte – weder die Zeit bei der Bundeswehr noch die im Angelladen, auch nicht die Dealer- und Rockerzeit.

Ich bin Bad Boy Uli.

Ich bin eine schwierige Persönlichkeit, unnachgiebig und kompromisslos. Nie nehme ich ein Blatt vor den Mund. Dabei passiert es auch mal, dass ich mit verbalen Ausfällen glänze. Aber ich bin geradlinig, offen und korrekt. Bevor ich jemanden verprügle, vergewissere ich mich, dass es einen Grund dafür gibt.

Ich habe in einer Welt gelebt, die mir großen Spaß gebracht hat. Ich hatte alles: Geld, Luxus, Mädchen und viel Zeit.

Als ich neulich morgens aufwachte, zwitscherten die Vögel, die Sonne schien durch das Schlafzimmerfenster, und ich hörte das Meeresrauschen. Ich ging in die Küche, machte mir einen Espresso, wie immer: schwarz mit ein wenig Zucker. In der Nacht zuvor hatte ich einen phantastischen Traum.

Das Telefon klingelt. Ich gehe ran, am anderen Ende meldet sich meine Schwester. Sie sagt, dass ich den Fernseher anschalten soll. Sofort. Ich laufe mit dem Hörer in der Hand ins Wohnzimmer. Da sehe ich es: Hells Angels Deutschland aufgelöst. Mehrere Tote in Clubhäusern gefunden. Plötzlich war ich hellwach. Ich zappe die Kanäle hoch und runter. Auf allen Sendern laufen die gleichen Bilder aus verschiedenen Städten: Die Clubhäuser der Hells Angels von außen, davor jede Menge Bullenkarren mit Blaulicht. Auf einem Sender bleibe ich hängen. Eine junge, hübsche Reporterin interviewt einen Berliner Hells Angel. Er erzählt, dass Sonny Barger gestern zusammen mit Vertretern der Ost- und Westküste in Deutschland aufgeschlagen sei. Der Oberhäuptling und seine Member hätten jedes Charter deutschlandweit besucht – und dem armseligen Treiben ein jähes Ende gesetzt. Die Amerikaner hätten alle Hells-Angels-Kutten verbrannt, die sie finden konnten. In den Clubhäusern wäre es zu ähnlichen Erschießungen wie 2004 bei den Nomads in Holland gekommen – ohne dass diesmal jemand die Löcher in den Wänden zugespachtelt und die Wände neu gestrichen hätte. Der Bericht wird unterbrochen. Es gibt eine Live-Schaltung nach Hanau. Gerichtsmediziner tragen graue Behälter mit den Leichen aus dem Clubhaus und schieben sie ins Auto. Dann geht es nach Hannover: Die gleichen Bilder. Parallel dazu werden Passfotos der Opfer eingeblendet. Sieben sind mir bestens bekannt.

Ein Traum, nur ein Traum. Ich trank meinen Espresso und legte mich wieder in mein Bett.

Eine Stimme haucht mir ins Ohr: »Uli, ist alles okay bei dir?
Du siehst sehr zufrieden aus.« Ich bin zufrieden. Eine kleine,
warme Hand streichelt über meinen Bauch. Sie kreist langsam
abwärts, umklammert meine Kronjuwelen. Sie grinst, spreizt
ihre Beine und setzt sich auf mich. Ihre Haut ist noch immer
leicht rosa, glatt rasiert. Diesmal muss sie mich nicht fragen,
nichts sagen. Ich will sie! Ich stoße sie zur Seite, stecke meinen
Kopf zwischen ihre Beine und fange an … Melina liegt neben
mir. Zweieinhalb Jahre habe ich sie nicht gesehen…

Ich hatte ein großartiges Leben in Deutschland – auch
bei den Hells Angels. Ich liebte diese Gemeinschaft.
Alle für einen, einer für alle. Es war eine großartige
Show. Doch dieses Leben habe ich hinter mir gelassen:
meine Zeit als Bordellbesitzer, als Drogendealer, als
Inkasso-Mensch. Meine Zeit als Rocker. Ich habe alle
meine Strafen abgesessen, und meine Bewährungszeit
verlief problemlos. Mir geht es gut – trotz des ganzen
Ärgers mit meinen kuttentragenden Ex-Brüdern und
den grünen Spießern. Für mich hat eine neue Zeit begonnen.

Ich habe es geschafft – ich habe die Hells Angels
überlebt.

ANHANG

World-Rules

Es ist das erste Mal in der zweiundsechzigjährigen Geschichte der Hells Angels MC, dass clubfremde Personen Einblick in die World-Rules erlangen. Noch nie zuvor hat es ein Member gewagt, diese Regeln öffentlich zu machen: Das ist das schlimmste Verbrechen, das man den Hells Angels antun kann; nicht umsonst hat der Club die Rules zweiundsechzig Jahre lang geheim halten können.

Alle Besitzer der World-Rules sind in Amerika registriert. Diese werden nur Präsidenten und Vize-Präsidenten gegen Unterschrift ausgehändigt, zur persönlichen Kenntnisnahme. Normale Member dürfen die Regeln nicht besitzen, sondern nur durchlesen.

Ich bekam die World-Rules in Düsseldorf persönlich von dem amerikanischen Represser übergeben. Viele Jahre habe ich sie aufbewahrt und gehütet wie meinen Augapfel. Der Umgang mit den Gesetzen ist clubintern geregelt: Werden sie bei einer Razzia gefunden, einem Fremden übergeben oder zur Einsicht gebracht, bedeutet dies das Todesurteil für den Member. Der Club legt großen Wert darauf, dass die internen Strukturen und die Regeln, nach denen die Hells Angels leben, strengstens geheim bleiben. Das muss eingehalten werden!

Neben den geschriebenen gibt es auch noch ungeschriebene Gesetze, die auch verbindlich einzuhalten sind. Die oberste Priorität lautet: Einer für alle, alle für einen!

- Als Erstes kommt der Club, dann die Brüder, dann ich selbst.
- Konflikte werden intern geregelt und nicht nach außen getragen.
- Ein Hells Angel wird nicht geschlagen, er schlägt selbst.
- Wenn ein Hells Angel etwas sagt, ist das Gesetz.
- Clubfremde Personen dürfen die Hells-Angels-Kutte weder tragen noch berühren.
- Wenn ein Gast-Bruder zu Besuch kommt, wird er behandelt wie ein König.
- Die Bullen sind grundsätzlich Feinde des Clubs.

Von vielen anderen Hells-Angels-Rules war schon in diesem Buch zu lesen: Damit ihr euch ein eigenes Bild von den Regeln machen könnt, folgt hier jetzt ein Auszug aus den echten World-Rules samt ihrer deutschen Übersetzung.

WORLD RULES

The rules on this list have been taken from all the lists I can find and some may not be active.

There may also be rules not included on this list that are still active.

1/ If a prospect is voted member while he is in jail, he receives his colours only when he is released on home leave or at the end of his sentence.
On 4 lists, supplied by Holland to England, no dates.
Suggestion: All countries do this. Leave at National level. Delete.

2/ If a member is in jail and is dishonourably discharged from the club, it is the charter discretion if the member concerned is thrown out while in jail or on release from jail.
On 4 lists, supplied by Holland to England, no dates.
Suggestion: As it is at charter discretion, no need for a world rule. Delete.

3/ Member cards are only given to members.
On 3 lists, supplied by Holland to England, no dates.
Suggestion: Does anyone use these today ? Delete.

4/ By producing from HA posters + HA support stickers + support items, is a registration print compulsory/ mandatory.
On 3 lists, supplied by Holland to England, no dates.
Suggestion: Believe this is to have a symbol printed on items so people are aware the death head and words Hells Angels etc are registered trademarks of the club.

ie. **TM** or **©** or **®** etc. Suggestions ??

5/ A All charters must attend the World Meeting. The fine for missing a World Meeting is $2000.
The fine is appealable and if the appeal is successful the fine is cancelled.
On 4 lists, supplied by Holland to England, no dates.
Addition: On 1 list: When a club misses a meeting that club will be dishonourably kicked out.
B Must have one representative from every country to be at World Meetings. Fine for missing World Meeting will be two thousand dollars, three months time to pay fine or appeal. A valid reason will be taken into consideration.
On list supplied at Berdoo WOM 1998, and dated 24 August 1985, motion made by Haarlem, Holland.
C One officer per charter for the World Meeting.
On OB's list and dated 16 April 1986.
D Each country to have at least 2 representatives at the World Meeting.
On 1 list supplied by Holland to England, no dates. Also on list from Berdoo and dated 2 November 1996.
Also on OB's list with same date.
Suggestion: A has been updated so delete.
Addition: Out of date. Delete.
B has been updated so delete.
C has been updated so delete.
D is still appropriate but would suggest a change of wording to:
"Every country must have at least two (2) representatives at all World Meetings when the World Meeting is combined with the World Run"
But as some countries have limited funds for the second World OM an addition:
"Every country must also have at least one (1) representative at the 2nd World Meeting per year"
Consequences should also be included with rule:
"If a country misses any World Meeting and does not provide a valid reason to all countries, via their National Secretaries, within 90 days of that meeting, that country will have to pay a $ 2000 fine at the following meeting. (approx 6 months later)"
Suggestions ?? If fine is used, who is it paid to ??

Auszug aus den World-Rules

Auszug aus den World-Rules (Übersetzung)

1/

If a prospect is voted member while he is in jail, he receives his colours only when he is released on home leave or at end of his sentence.

Wenn ein Prospect zum Member gewählt wird, während er im Knast ist, bekommt er seine Farben erst, wenn er Freigang bekommt oder seine Strafe abgesessen hat.

2/

If a member is in jail and is dishonourably discharged from the club, it is the charter discretion if the member concerned is thrown out while in jail or on release from jail.

Wenn ein Member im Knast ist und unehrenhaft aus dem Club verbannt wurde, liegt es im Ermessen des Clubs, ob der Member rausgeworfen wird, während er im Knast sitzt oder erst, wenn er entlassen wurde.

3/

Member cards are only given to members.

Mitgliedskarten werden nur an Member vergeben.

4/

By producing from HA posters + HA support stickers + support items, is a registration print compulsory/mandatory.

Bei der Herstellung von HA-Postern + HA-Aufnähern + Support-Artikeln ist eine Registrierung Pflicht.

5/

A All charters must attend the World Meeting. The fine for missing a World Meeting is $2000. The fine is appealable and if the appeal is successful the fine is cancelled.

A Alle Charter müssen an den World-Meetings teilnehmen. Die Strafe für ein Fernbleiben beträgt 2000 Dollar. Gegen die Geldstrafe kann Widerspruch eingelegt werden, und wenn dieser erfolgreich ist, kann die Strafe aufgehoben werden.

B Must have one representative from every country to be at the World Meetings. Fine for missing will be two thousand dollars, three months time to pay fine or appeal. A valid reason will be taken into consideration.

B Auf den World-Meetings muss ein Vertreter jedes Landes sein. Die Strafe für ein Fernbleiben beträgt 2000 Dollar, zu zahlen innerhalb von drei Monaten. Es kann auch Widerspruch eingelegt werden, dazu muss ein guter Grund vorgelegt werden.

C One officer per charter for the World Meeting.

C Ein Officer pro Charter sollte zum World-Meeting.

D Each country to have at least 2 representatives at the World Meeting.

D Jedes Land muss zwei Vertreter zum World-Meeting entsenden.

Chronologie

1948: Am 17. März wird das erste Hells-Angel-Charter in Berdoo in Kalifornien gegründet.

1965: Gründung des ersten Nomads-Charters in Kalifornien.

1968: Gründung des ersten deutschen Charters der Bones in Frankfurt am Main.

1970: Gründung des ersten schweizerischen Charters in Zürich.

1973: Gründung des ersten deutschen Charters in Hamburg, das 1983 verboten wurde.

1975: Gründung des ersten österreichischen Charters Vorarlberg.

1981: Gründung des ersten, noch existierenden deutschen Charters in Stuttgart.

1983: Verbot des Hells-Angels-Charters Hamburg auf Grund des Vereinsgesetzes.

1994: Gründung des ersten afrikanischen Hells-Angels-Charters in Johannesburg.

1996: Gründung des Bones-Charters in Kassel.

1999: Im November schließt sich der größte deutsche Motorrad-Club, die Bones, mit vierzehn Chartern, den Hells Angels an. Die Hells Angels zählen damit in Deutschland neunzehn Charter.

2009: Der Hells Angel Michael B. wird in Berlin auf offener Straße erschossen.

2010: Rund sechzig Berliner Bandidos schließen sich den Hells Angels an. Weltweit gibt es circa dreihundert Charter, einschließlich Prospect- und Hangaround-Charter, davon dreiundvierzig Charter in Deutschland, sechs Charter in Österreich und sieben Charter in der Schweiz. In Schleswig-Holstein wird das Charter Flensburg verboten. Die deutsche Innenministerkonferenz berät über ein bundesweites Verbot der Hells Angels.

Hells-Angels-Charter

Hells-Angels-Charter	Land	Gründung
Berdoo	Kalifornien, USA	17. März 1948
Frisco	Kalifornien, USA	1. August 1954
Oakland	Kalifornien, USA	1. April 1957
Auckland	Neuseeland	1. Juli 1961
Richmond	Kalifornien, USA	14. Februar 1962
Nomads	Kalifornien, USA	1. Juni 1965
Daly City	Kalifornien, USA	19. Februar 1966
Dago	Kalifornien, USA	30. Mai 1966
Omaha	Nebraska, USA	27. November 1966
Lowell	Massachusettes, USA	17. April 1967
Cleveland	Ohio, USA	16. Dezember 1967
San Jose	Kalifornien, USA	14. Juli 1969
Salem	Massachusettes, USA	17. Juli 1969
London	Großbritannien	30. Juli 1969
New York City	New York, USA	5. Dezember 1969
Rochester	New York, USA	5. Dezember 1969
Zurich	Schweiz	20. Dezember 1970
Sonoma County	Kalifornien, USA	21. Oktober 1972
Durham	North Carolina, USA	24. Juli 1973
Sacramento	Kalifornien, USA	9. August 1973
West Coast	Großbritannien	17. August 1974
Bridgeport	Connecticut, USA	17. Februar 1975
Sydney	Australien	23. August 1975
Melbourne	Australien	23. August 1975
Vorarlberg	Österreich	19. November 1975

Hells-Angels-Charter	Land	Gründung
Charleston	South Carolina, USA	7. Februar 1976
Essex	Großbritannien	15. August 1976
Kent	Großbritannien	4. Dezember 1976
Wessex	Großbritannien	29. Januar 1977
South Coast	Großbritannien	26. Februar 1977
Montreal	Kanada	5. Dezember 1977
San Fernando Valley	Kalifornien, USA	1. Januar 1978
Ventura	Kalifornien, USA	6. Mai 1978
Amsterdam	Niederlande	28. Oktober 1978
Tyne & Wear	Großbritannien	2. Juni 1979
Winston Salem	Massachusettes, USA	6. Juni 1979
Haarlem	Niederlande	19. Januar 1980
Nomads	Australien	14. August 1980
Copenhagen	Dänemark	31. Dezember 1980
Monterey	Kalifornien, USA	4. April 1981
Paris	Frankreich	18. April 1981
Stuttgart	Deutschland	4. Dezember 1981
Berkshire County	Massachusettes, USA	24. April 1982
Minneapolis	Minnesota, USA	18. September 1982
Fairbanks	Alaska, USA	18. Dezember 1982
Anchorage	Alaska, USA	18. Dezember 1982
Vancouver	Kanada	23. Juli 1983
White Rock	Kanada	23. Juli 1983
Nanaimo	Kanada	23. Juli 1983
Adelaide	Australien	1. Oktober 1983
East End	Kanada	22. Dezember 1983
Vallejo	Kalifornien, USA	11. Februar 1984
Rio de Janiero	Brasilien	16. Juni 1984
Nomads	New York, USA	11. November 1984
Sherbrooke	Kanada	5. Dezember 1984

Hells-Angels-Charter	Land	Gründung
Windsor	Großbritannien	22. Dezember 1984
Lea Valley	Großbritannien	30. März 1985
Fulton	Kentucky, USA	29. Juni 1985
Wolverhampton	Großbritannien	23. Oktober 1985
Vienna	Österreich	23. November 1985
Ashfield	Großbritannien	31. Mai 1986
Orleans	Frankreich	18. April 1987
Haney	Kanada	13. Juni 1987
Quebec City	Kanada	26. Mai 1988
Nomads	Großbritannien	25. Februar 1989
Berlin	Deutschland	3. Februar 1990
North End	Deutschland	13. April 1990
Trois Rivieres	Kanada	24. Juni 1991
Wanganui	Neuseeland	23. Juni 1992
Trondheim	Norwegen	1. August 1992
Providence	Rhode Island, USA	5. September 1992
Northcoast	Niederlande	28. Oktober 1992
Aarhus	Dänemark	31. Dezember 1992
Manaus	Brasilien	27. Februar 1993
Malmoe	Schweden	27. Februar 1993
Darwin	Australien	2. April 1993
Johannesburg	Südafrika	14. August 1993
Nomads	Brasilien	13. September 1993
West Rand	Südafrika	31. Januar 1994
Nomads	Washington, USA	16. Juli 1994
Kiel	Deutschland	17. September 1994
Long Island	New York, USA	5. Oktober 1994
Chicago	Illinois, USA	2. Dezember 1994
Rockford	Illinois, USA	2. Dezember 1994
South Bend	Indiana, USA	2. Dezember 1994
Milano	Italien	16. Dezember 1995

Hells-Angels-Charter	Land	Gründung
Helsingborg	Schweden	27. Februar 1996
Helsinki	Finnland	23. März 1996
Odense	Dänemark	27. August 1996
Nomads	Dänemark	28. August 1996
Oslo	Norwegen	14. September 1996
Stavanger	Norwegen	14. September 1996
Aalborg	Dänemark	14. Oktober 1996
Liechtenstein	Liechtenstein	6. Dezember 1996
Stockholm	Schweden	27. Februar 1997
South	Kanada	1. März 1997
Brisbane	Australien	27. März 1997
Barcelona	Spanien	19. April 1997
Valencia	Spanien	19. April 1997
Canaan	Maine, USA	13. Juni 1997
Ghent	Belgien	15. Juli 1997
Edmonton	Kanada	23. Juli 1997
Calgary	Kanada	23. Juli 1997
Durban	Südafrika	6. September 1997
Nomads	Finnland	18. September 1997
Mesa	Arizona, USA	18. Oktober 1997
Phoenix	Arizona, USA	18. Oktober 1997
Cave Creek	Arizona, USA	18. Oktober 1997
Tuscon	Arizona, USA	18. Oktober 1997
Nomads	Arizona, USA	18. Oktober 1997
South End	Dänemark	30. Oktober 1997
Orange County	Kalifornien, USA	18. Oktober 1997
Antwerp	Belgien	15. Januar 1998
Manchester	Großbritannien	4. April 1998
Cape Town	Südafrika	13. Juni 1998
Nomads (British Columbia)	Kanada	23. Juli 1998

Hells-Angels-Charter	Land	Gründung
North Crew	Australien	12. August 1998
Eastside	Schweden	28. August 1998
Saskatoon	Kanada	18. September 1998
Merced County	Kalifornien, USA	17. Oktober 1998
Nomads	Nevada, USA	14. November 1998
Oulu	Finnland	6. Dezember 1998
West Side	Deutschland	15. Januar 1999
Nomads	Connecticut, USA	22. Januar 1999
Roma	Italien	7. Februar 1999
Cote d`Azur	Frankreich	18. April 1999
Hamar	Norwegen	8. Mai 1999
Gothenburg	Schweden	15. Mai 1999
Buenos Aires	Argentinien	16. Juni 1999
Geneve	Schweiz	17. September 1999
St. Gallen	Schweiz	17. September 1999
Mission City	Kanada	18. September 1999
Coast	Belgien	7. Oktober 1999
South West	Großbritannien	9. Oktober 1999
Westport	Niederlande	20. Oktober 1999
Northants	Großbritannien	30. Oktober 1999
Nomads (Alberta)	Kanada	11. November 1999
Bonn	Deutschland	12. November 1999
Boppard	Deutschland	12. November 1999
Darmstadt	Deutschland	12. November 1999
Frankfurt	Deutschland	12. November 1999
Hannover	Deutschland	12. November 1999
Heilbronn	Deutschland	12. November 1999
Karlsruhe Dark Side	Deutschland	12. November 1999
Mannheim	Deutschland	12. November 1999
Offenbach	Deutschland	12. November 1999

Hells-Angels-Charter	Land	Gründung
Reutlingen	Deutschland	12. November 1999
Saarbrücken	Deutschland	12. November 1999
Singen	Deutschland	12. November 1999
Westend	Deutschland	12. November 1999
Treviso	Italien	18. Dezember 1999
Nomads	Italien	30. Januar 2000
Manchester	New Hampshire, USA	26. Februar 2000
New Roc City	New York, USA	10. Mai 2000
Rotterdam	Niederlande	25. Juni 2000
Nomads	Deutschland	31. Oktober 2000
Fresno County	Kalifornien, USA	11. November 2000
Bohemia	Bohemia	8. Dezember 2000
Athens	Greece	8. Dezember 2000
Nomads	Frankreich	11. Dezember 2000
Winnipeg	Kanada	15. Dezember 2000
Keswick	Kanada	29. Dezember 2000
Nomads (Ontario)	Kanada	29. Dezember 2000
Kitchener	Kanada	29. Dezember 2000
Oshawa	Kanada	29. Dezember 2000
Simcoe Co.	Kanada	29. Dezember 2000
Toronto	Kanada	29. Dezember 2000
Toronto East	Kanada	29. Dezember 2000
Toronto West	Kanada	29. Dezember 2000
Windsor	Kanada	29. Dezember 2000
Woodbridge	Kanada	29. Dezember 2000
Toronto North	Kanada	3. Februar 2001
South Eastside	Deutschland	16. Februar 2001
Nomads	Belgien	31. März 2001
Essen	Deutschland	20. Juli 2001

Hells-Angels-Charter	Land	Gründung
Riverside	Schweiz	26. Juli 2001
Niagara	Kanada	28. Juli 2001
Randers	Dänemark	1. September 2001
Regina	Kanada	18. September 2001
Munich	Deutschland	8. Dezember 2001
Kampen	Niederlande	18. Dezember 2001
Nomads	Illinois, USA	1. Januar 2002
Nomads	Massachussettes, USA	21. Januar 2002
Worcester	Massachussettes, USA	21. Januar 2002
Lake East	Ohio, USA	23. Januar 2002
Hartford	Connecticut, USA	24. März 2002
Tyrol	Österreich	6. April 2002
East County	Australien	23. Mai 2002
Lisbon	Portugal	24. Mai 2002
Carelia	Finnland	6. Juli 2002
Denver County	Colorado, USA	13. Juli 2002
Santa Cruz	Kalifornien, USA	22. Juli 2002
Costa del Sol	Spanien	28. Juli 2002
Cuneo	Italien	1. November 2002
Midland	Deutschland	6. November 2002
Skien	Norwegen	30. November 2002
South Bank	Südafrika	1. Januar 2003
Bolzano	Italien	4. Januar 2003
Black Forest	Deutschland	4. Januar 2003
Nomads	New Hampshire, USA	23. Januar 2003
Gummersbach	Deutschland	22. Februar 2003
Hanau	Deutschland	3. März 2003
Fayetteville	North Carolina, USA	8. März 2003

Hells-Angels-Charter	Land	Gründung
Las Vegas	Nevada, USA	21. März 2003
London	Kanada	29. Juli 2003
Carinthia	Österreich	31. August 2003
Nomads	Indiana, USA	16. November 2003
Greenville	South Carolina, USA	4. Dezember 2003
Myrtle Beach	South Carolina, USA	27. Juli 2004
Baltimore	Maryland, USA	2. September 2004
Overland	Schweiz	1. November 2004
Mendoza	Argentinien	18. Dezember 2004
West Crew	Großbritannien	8. Januar 2005
Hamilton	Kanada	15. Januar 2005
Nomads	Südafrika	17. Januar 2005
Harbor City	Deutschland	5. Februar 2005
Liguria	Italien	5. März 2005
Santiago	Chile	15. Mai 2005
City Crew	Australien	8. Juni 2005
Nomads	Österreich	18. August 2005
Nomads	Portugal	12. November 2005
Zagreb	Kroatien	2. Dezember 2005
Karlstad	Schweden	31. Dezember 2005
Carribean	Niederlande	19. Januar 2006
Riverside	Kalifornien, USA	3. März 2006
Nomads	Argentinien	12. April 2006
Costa Blanca	Spanien	19. April 2006
Hells End	Australien	6. Juni 2006
Madrid	Spanien	9. Juni 2006
Newark	New York, USA	15. Juli 2006
Goth Town	Schweden	16. August 2006
Campinas	Brasilien	13. September 2006
Vitoria	Brasilien	13. September 2006
Tromsoe	Norwegen	29. September 2006

Hells-Angels-Charter	Land	Gründung
Moscow	Russland	30. September 2006
Thessaloniki	Griechenland	7. Oktober 2006
Santa Barbara	Kalifornien, USA	21. Oktober 2006
Riviera	Schweiz	6. November 2006
Nth Lincs	Großbritannien	1. Dezember 2006
Alkmaar	Niederlande	6. Dezember 2006
Ostrava	Tschechien	12. Dezember 2006
Luxembourg City	Luxemburg	27. Januar 2007
Sin City	Nevada, USA	28. Februar 2007
Nomads	Spanien	22. April 2007
Nimes	Frankreich	28. April 2007
Cottbus	Deutschland	2. Juni 2007
Belfast	Großbritannien	16. Juni 2007
Nomads	Tschechien	3. Juli 2007
Kelowna	Kanada	23. Juli 2007
Drammen	Norwegen	1. September 2007
Los Angeles County	Kalifornien, USA	1. September 2007
Padova	Italien	1. Dezember 2007
Southside	Portugal	6. Dezember 2007
Siegen	Deutschland	22. Februar 2008
Capital City	Schweden	10. März 2008
Bielefeld	Deutschland	6. Juni 2008
Budapest	Ungarn	6. Juni 2008
Goiana	Brasilien	14. Juni 2008
Leipzig	Deutschland	22. August 2008
Styria	Österreich	30. August 2008
Nomads	Luxemburg	3. September 2008
South East	Niederlande	3. September 2008
Brasilienia	Brasilien	6. September 2008
BorderLand	Deutschland	7. September 2008

Hells-Angels-Charter	Land	Gründung
Colmar	Frankreich	20. September 2008
Cologne	Deutschland	4. Oktober 2008
Karlsruhe Bad District	Deutschland	4. Oktober 2008
Landau	Deutschland	4. Oktober 2008
Munich City	Deutschland	4. Oktober 2008
Rostock	Deutschland	4. Oktober 2008
Potsdam	Deutschland	21. Dezember 2008
Nomads	South Carolina, USA	1. Januar 2009
Santo Domingo	Dominikanische Republik	22. Februar 2009
Dresden	Deutschland	5. Mai 2009
Charleroi City	Belgien	2. Juli 2009
Canaris	Spanien	11. Juli 2009
Southland	Kanada	21. Juli 2009
Copenhagen East	Dänemark	23. Juli 2009
Triangle Area	Dänemark	15. August 2009
Antofagasta	Chile	15. August 2009
Nomads	Türkei	4. Oktober 2009
Schwerin	Deutschland	5. Oktober 2009
Cardiff	Großbritannien	10. Oktober 2009
Eskilstuna	Schweden	30. Oktober 2009
Mallorca	Spanien	7. November 2009
Central Cities	New York, USA	27. November 2009
Lulea	Schweden	31. Dezember 2009
Norrkoping	Schweden	31. Dezember 2009
Nomads	Colorado, USA	1. Januar 2010
Lübeck	Deutschland	16. Januar 2010
Basel	Schweiz	20. Februar 2010
Nomads	Ungarn	2. März 2010
Spartanburg	South Carolina, USA	3. März 2010

Hells-Angels-Charter	Land	Gründung
Silvercoast	Portugal	7. März 2010
Torino	Italien	27. März 2010
Tychy	Polen	10. April 2010
Poznan	Polen	10. April 2010
Cyprus	Türkei	11. April 2010
Prospect-Charter	**Land**	**Gründung**
Iceland	Island	
Hof City	Deutschland	
Erfurt	Deutschland	
Hangaround-Charter	**Land**	**Gründung**
Brothers in Law	Litauen	

Die Charter der Hells Angels im Mai 2010
(Quelle: www.hells-angels.com und
www.hells-angels-germany.de)

Glossar

666: Viele Member tragen dieses Zeichen als Aufnäher an ihrer Kutte. Es hat allerdings clubintern keine Bedeutung. Im Allgemeinen steht es für die Wiedergeburt des Teufels. Viele wollen damit ausdrücken, dass sie ganz besonders böse sind.

81: Abkürzung für den Clubnamen. Die Ziffer 8 steht dabei für das H, also der achte Buchstabe im Alphabet, die 1 entspricht dem A.

AFFA: Abkürzung für »Angels forever, forever Angels«. Es ist ein Bekenntnis zum Club, meint »Hells Angel für immer, für immer Hells Angel«.

Aufnäher: Emblem der Hells Angels, das jeder Member auf seiner Kutte trägt.

Ausstieg: Niemand verlässt den Club! Gibt es einen ausnahmsweise wichtigen Grund, wird dem Member »LEFT« und das Datum des Ausstiegs auf die rechte Hand tätowiert. Er darf seine Club-Tattoos behalten und an öffentlichen Partys teilnehmen. Kutte und Kleidung mit Aufnähern sind verboten. »OUT« bedeutet, dass jemand aus dem Club geworfen wurde, weil er sich etwas zuschulden hat kommen lassen. Er muss seine Tattoos entfernen. »Out in bad standing« heißt, dass der Member dem Club geschadet hat. Er muss seine Tattoos entfernen lassen und ist vogelfrei, muss mit öffentlichen Attacken durch Member der Hells Angels und anderer Motorrad-Clubs rechnen.

Bandidos: Feinde der Hells Angels. Der Motorrad-Club wurde 1966 in Houston, Texas, gegründet. Seit 1989 verfügen sie in Europa über eigene Ortsverbände, die »Chapter« heißen. Ihr Erkennungszeichen ist ihr Kutten-Aufnäher, der einen mexikanischen Banditen mit einer großen Machete und einer Pistole in der Hand zeigt. Da viele Mitglieder ihr Arbeitsfeld ebenfalls im Milieu haben, kommt es oft zu Rivalitäten zwischen den Clubs.

Bones: Diesen Motorrad-Club gab es nur in Deutschland. Das erste Charter gründete sich Ende 1968 in Frankfurt am Main. Viele Member kamen aus dem Milieu, waren Zuhälter, Schutzgelderpresser, Drogen-, Waffen- und Menschenhändler. Ihr Clubabzeichen auf dem Rücken der Lederjacke war eine übergroße Knochenhand. Im November 1999 schlossen sie sich mit den Hells Angels Germany zusammen.

Brigade 81: Ein Supporter-Club der Hells Angels. Sie nennen sich »Truppe 81«, wobei die »81« für Hells Angels steht. Mitglieder dieses Clubs sind Dienstleister für die Hells Angels und meist auch im Milieu tätig.

Bruder: Die Mitglieder der Hells Angels nennen sich untereinander Bruder, englisch »Brother«. Das soll ihren engen Zusammenhalt nach innen und nach außen hin zeigen; sie sind eine Familie.

Charter: Zusammenschluss von mindestens sechs Hells Angels in einem Ort. In größeren Städten wie Berlin kann es auch mehrere Charter geben.

Charter-Treasurer: Kassenwart, der im Club für die Finanzen zuständig ist. Wenn ein Member Schwierigkeiten mit der Polizei oder der Justiz hat, muss der Charter-Treasurer Geld aus der Clubkasse an den Member oder seine Familie zur Unterstützung zahlen. Er ist auch für die Finanzen auf Veranstaltungen seines Charters zuständig.

Clubhaus: Ort, an dem sich die Hells Angels täglich treffen, ihre Sitzungen abhalten und Partys veranstalten. Jedes Charter muss ein eigenes Clubhaus besitzen.

Dequiallo-Abzeichen: Es ist ein Abzeichen, das jeder Hells Angel vom Club bekommt, wenn er sich mit einem Polizisten geprügelt hat.

Dead-Head: Symbol der Hells Angels, was als Totenkopf auf jeder Kutte oder als Tattoo zu erkennen ist.

Easy Rider: Der Mythos des »Easy Riders« ist lange vorbei. Heute sind die freiheitsliebenden Rocker, die in Clubs organisiert sind, oftmals nur noch organisierte Gewalttäter, wobei das Motorradfahren immer mehr in den Hintergrund rückt.

Euro-Run: Jährliche Veranstaltung des Clubs. Es sollten möglichst alle Member jedes Charters anwesend sein, mindestens jedoch einer. Die Party findet in Europa statt, Ausrichter ist nahezu jedes Jahr ein anderes Land. Ein Wochenende lang wird gefeiert.

Die Kosten dafür werden aus der Europa-Kasse beglichen.

Filthy Few: Ein Abzeichen, das Hells Angels tragen, die für einen ihrer Brüder getötet haben.

Ghostriders: Die Gelben Ghostriders waren ein regionaler Motorrad-Club in Deutschland. 1999 wurden sie auf eigenen Wunsch zu Bandidos.

Hangaround: Will jemand Kontakt zu einem Charter bekommen, muss er auf dem Clubgelände »herumhängen«. Die erste Hürde, um später Hells Angel zu werden.

Kommission: Die Kommission wurde 2001 ins Leben gerufen. Sie ist ein unabhängiger Ausschuss, der bei internen Auseinandersetzungen alle Parteien anhört, das Geschehene objektiv auswertet und gegebenenfalls Strafen verhängt.

Kommunikation: Läuft per E-Mail oder Telefon. Wichtige Sachen werden persönlich per »Pony-Express« überbracht.

Konto: Konten heißen bei den Hells Angels »Trusts«. Jeder Member und jeder Prospect zahlt jährlich in den Trust ein. Diese Gelder werden zentral verwaltet. Das Geld wird für Partys, Anwälte, Beerdigungen und Meetings gebraucht.

Kutte: Weste jedes Hells Angels. Sie ist dem Member heilig und darf nie abhanden kommen. Auf ihr sind die Aufnäher des Clubs und die Abzeichen des Members.

Meeting: Treffen von Hells Angels. Es gibt lokale, nationale und internationale Treffen. Bei den nationa-

len und internationalen Meetings sind nur Präsidenten und/oder Vize-Präsidenten anwesend. Normale
Member dürfen einen Antrag stellen, um einem solchen Meeting beizuwohnen.

Member: Mitglied in einem Charter. Jeder Hells Angel ist ein Member, manche von ihnen bekleiden zusätzlich Posten in ihrem jeweiligen Charter.

Member auf Probe: Nachdem jemand zum Member
ernannt wurde, wird er für ein Jahr auf Probe in den
Club aufgenommen. Das heißt, dass er keine Ämter
bekleiden und nicht an nationalen oder internationalen Meetings teilnehmen darf.

Nomads: Die »Nomaden« sind ebenfalls Hells Angels.
In jedem Land gibt es ein Charter. Der Unterschied
zu den ortsansässigen Hells Angels bestand darin,
dass die Nomads in der Regel kein eigenes Clubhaus
hatten. Sie sind innerhalb des Clubs für das Grobe
zuständig.

Original 81: Unter dem Label »Original 81 Support«
werden vor allem Zigaretten, Bier und andere Alko-
holika verkauft. Vereinzelt schafften diese »Marken-
artikel« sogar den Sprung in die Regale einer großen
Supermarktkette.

Pagans: Ein amerikanischer Motorrad-Club, der 1959
in Maryland gegründet wurde. Von den rund vierhundert Mitgliedern sind viele im Drogen- und Waffenhandel aktiv. Sie sind mit den Bandidos befreundet. Ihre Erzrivalen sind die Hells Angels.

Patch: Beschreibt den Aufnäher oder Flicken der Hells
Angels auf der Kutte. Er ist wie alle anderen offi-

ziellen Clubsymbole markenrechtlich geschützt und darf nur von Voll-Mitgliedern gekauft und getragen werden.

Pony-Express: Benachrichtigungssystem der Hells Angels. Wichtige und geheime Informationen werden nur per Pony-Express überbracht: Ein vertrauenswürdiger Member des Charters X fährt mit der Botschaft zum Charter Y und übergibt die Mitteilung, Charter Y schickt vertrauenswürdige Boten zu Charter Z et cetera. Das geht so lange, bis alle Charter informiert wurden.

Präsident: Er ist der Chef und muss an nationalen und internationalen Meetings der Hells Angels teilnehmen. Des Weiteren muss er sein Charter bei clubinternen Veranstaltungen und in der Öffentlichkeit gegenüber Polizei und Presse repräsentieren.

Prospect: Zweite Stufe auf dem Weg zum Hells Angel. Hat jemand diesen Status inne, muss er für den Club alle Frondienste übernehmen und ist das Mädchen für alles. Normalerweise dauert diese Phase zwei Jahre.

Red Devils: Ein Supporter-Club der Hells Angels.

Road-Captain: »Verkehrsminister«, der für die Routenplanung zuständig ist. Geht es zu einer Party, muss er eine sichere und gute Route berechnen. Er leitet auch den Konvoi und fährt voran. Er muss außerdem für ausreichend Fahrzeuge sorgen. Ist ein ausländischer Member zu Gast, muss er diesem ein Bike für seinen Aufenthalt organisieren.

Schmiermichel: Ist kein offizieller Begriff bei den

Hells Angels. In der Szene-Sprache werden Polizisten gern so genannt.

Secretary: Ist der »Sekretär« in einem Charter. Er erledigt die Schreibtischarbeiten, hält Termine fest und pflegt den E-Mail-Kontakt zu anderen Chartern.

Sergeant at Arms: Waffenmeister, der dafür zu sorgen hat, dass immer ausreichend Waffen, Munition, schusssichere Westen und Nachtsichtgeräte in kürzester Zeit zur Verfügung stehen. Steht ein Überfall an, muss er die erforderliche Ausrüstung bereitstellen und sie danach wieder verschwinden lassen.

Supporter: Freund oder Bekannter der Hells Angels. Er ist in einem anderen Motorrad-Club organisiert, der sich dann Supporter-Club nennt. Supporter dürfen an offiziellen Feiern der Hells Angels teilnehmen und werden gern zu Frondiensten herangezogen. Sie bewundern die Hells Angels. Supporter-Clubs sind beispielsweise die Red Devils oder die Brigade 81.

Tattoo (Club-Tattoo): Erkennungszeichen der Hells Angels. Wann sich ein Hells Angel welches Tattoo stechen lassen darf, ist strengstens geregelt. Das erste Club-Tattoo ist der Charter-Dead-Head, den kann sich jeder Member stechen lassen. Als Voll-Member, also nach einem Jahr Mitgliedschaft, kann er sich den World-Dead-Head stechen lassen. Hände und Hals dürfen nach fünf Jahren, der Rücken nach zehn Jahren tätowiert werden.

Vize-Präsident: Präsident und Vize-Präsident sind in der Hierarchie gleichgestellt, mit dem Unterschied, dass der Vize-Präsident weniger Arbeit hat. Er kann jederzeit an nationalen und internationalen Meetings teilnehmen und sein Charter vertreten.

World-Rules: Die geheimen, geschriebenen Regeln der Hells Angels. Für die Mitglieder sind sie heilig, jeder muss sich an sie halten. Pro Charter gibt es maximal ein Exemplar.

World-Run: Wichtigstes Ereignis im Leben eines Hells Angels. Der World-Run findet regelmäßig abwechselnd in Übersee und in Europa statt. Von jedem Charter muss mindestens ein Member daran teilnehmen. Gefeiert wird ein Wochenende lang. Die Kosten trägt jeder Member selbst.

Der verdrängte Krieg

Marc Lindemann · **Unter Beschuss**
Warum Deutschland in Afghanistan scheitert
288 Seiten mit 25 Abbildungen, Klappenbroschur
€ [D] 18,95 · € [A] 19,50
ISBN 978-3-430-30046-9

Seit 2002 ist die Bundeswehr in Afghanistan – um das Land zu stabilisieren.
Doch daran ist schon lange nicht mehr zu denken. Die Lage ist außer Kontrolle.
Fast täglich hageln Raketen auf das deutsche Lager, werden Soldaten Opfer
von Sprengfallen und Hinterhalten. Am Hindukusch herrscht Krieg.

»Bravo! Lektüre dieser Art braucht unsere Zeit mehr als Thriller
von Dan Brown und Stieg Larsson«
Die Zeit

Econ

Die kriminelle Welt
der Finanzindustrie

Leo Müller · **Bank-Räuber**
Wie kriminelle Manager und unfähige Politiker uns in den Ruin treiben
384 Seiten, Hardcover mit Schutzumschlag
€ [D] 19,95 · € [A] 20,60
IISBN 978-3-430-20092-9

Die Krise ist noch lange nicht vorbei, denn die Deutschen sind vom großen
Crash besonders stark betroffen. Ihre Banken waren Weltmeister im
kreativen Bilanzdesign, sie versenkten Milliarden, und sie hinterlassen
die größten Bad Banks der Welt.

»Eine gelungene Generalabrechnung mit nahezu allen wichtigen
deutschen Finanzakteuren«
Welt am Sonntag